増補版

東京おいしい老舗散歩

安原眞琴
画・鈴木透

Tokyo
OISHII Shinise Sanpo
Makoto Yasuhara

かもめの本棚

はじめに

この本は、あなたとあなたの周りにいるすべての方々のために書きました。内容をひとことでまとめれば、東京の下町を中心に、お若い方からご年配の方まで、誰もが自分のペースで散策を楽しめる本です。

Slow walk, pure bliss.（ゆっくり歩くこと、それは純粋な幸せ）。

2つの大きな特徴があります。1つは、ウォーキングと言っても、まるで猫の散歩道のような、町の路地や自然あふれる神社など、ありふれた日常の道を歩くことです。何時間も歩くようなハードなウォーキングをするわけでも、有名なランドマークや歴史のある史跡を目指して歩くわけでもありません。

もう1つは、散歩の際に、必ず老舗に立ち寄ることです。つまり、散歩と老舗がセットになった、いわば〈老舗散歩本〉になっているのです。そぞろ歩きも楽しいですが、目的をもって歩くこと、しかもそれが美味しいものを食べることだとすれば、散歩がいっそう楽しくなるのではないでしょうか。

でも、老舗と聞くと、敷居が高いと思われる方もいらっしゃるかもしれませんね。そんな方も安心してください。散歩のついでに行くのですから、気軽に入れてほっこりできる老舗ばかりを選びました。

このように本書には、何も特別な感じのすることが書かれているわけではないのですが、特別なものよりも日常的なものの方が、かえって心を豊かにしてくれるような気がしています。

わたしたちは、日々忙しく暮らしているので、なかなか心に余裕をもてません。でも、時々ゆっくり歩いてみると、見なれた道の中にも、さまざまな発見があるのではないでしょうか。たとえば、小さな花を見つけたり、路傍の石の由来を知ったり……。

そして、このような日々の小さな発見が重なると、少しずつわたしたちの意識も変わっていき、固まっていた心や頭が、やわらかくほぐされていくのではないかと思います。

この本は、そんな日々の発見のきっかけとなり、日常生活を少しだけ楽しくする、ちょっとしたプレゼントになればと思って作りました。

本書は14章から成っています。8年前に刊行したときは、月に1度は散歩できるように、1ヵ月に1コースの割合で書きました。また、散歩には気候や季節感も重要だと思い、季節に合ったエリアを選びました。それを増補版ではバージョンアップして、暑さ寒さに関係なく楽しめるスポットを2ヵ所加えたほか、町も老舗も大きく変わったので、旧版の情報もアップデートしました。さらに、歴史的な建物で食事することも老舗散歩と捉えて掲載しました。

もちろん、手書きの地図は健在です。紹介する散歩コースにはスマホにも出てこないような小さな路地もあるので、きっと頼りになるはずです。

本書を手にされた皆さんが、下町のどこかの路地でばったり会うこともあるかもしれませんよ。そんなときはハイキングのように「こんにちは」と声をかけあってみてくださいね。


どうぞいってらっしゃい！

CONTENTS
目次

002 はじめに
012 3月 お花見は江戸の行楽の心意気で 長命寺桜もち 山本や
028 4月 新緑のお濠端を訪ねて 寿司政
044 5月 春のお江戸日本橋 室町砂場
060 6月 秋葉原まで神田川を歩く 竹むら
076 7月 朝顔市を粋に楽しむ 笹乃雪
092 8月 浅草通りの今、昔 どぜう飯田屋
108 9月 雪月花の寺へ 羽二重団子

124　10月　東京最古の駄菓子屋を訪ねて
上川口屋
140　11月　江戸カルチャーの発信地・吉原
桜なべ 中江
156　12月　歳末の浅草寺を歩く
尾張屋
172　1月　1年の開運と合格を祈願する
蓮玉庵
188　2月　江戸の鬼門を守る寛永寺の節分
はん亭
季節を問わずに
204　その1　山の手に眠る時に思いを馳せて
小笠原伯爵邸
220　その2　変わり続ける町にある変わらないもの
虎ノ門大坂屋砂場
236　おわりに

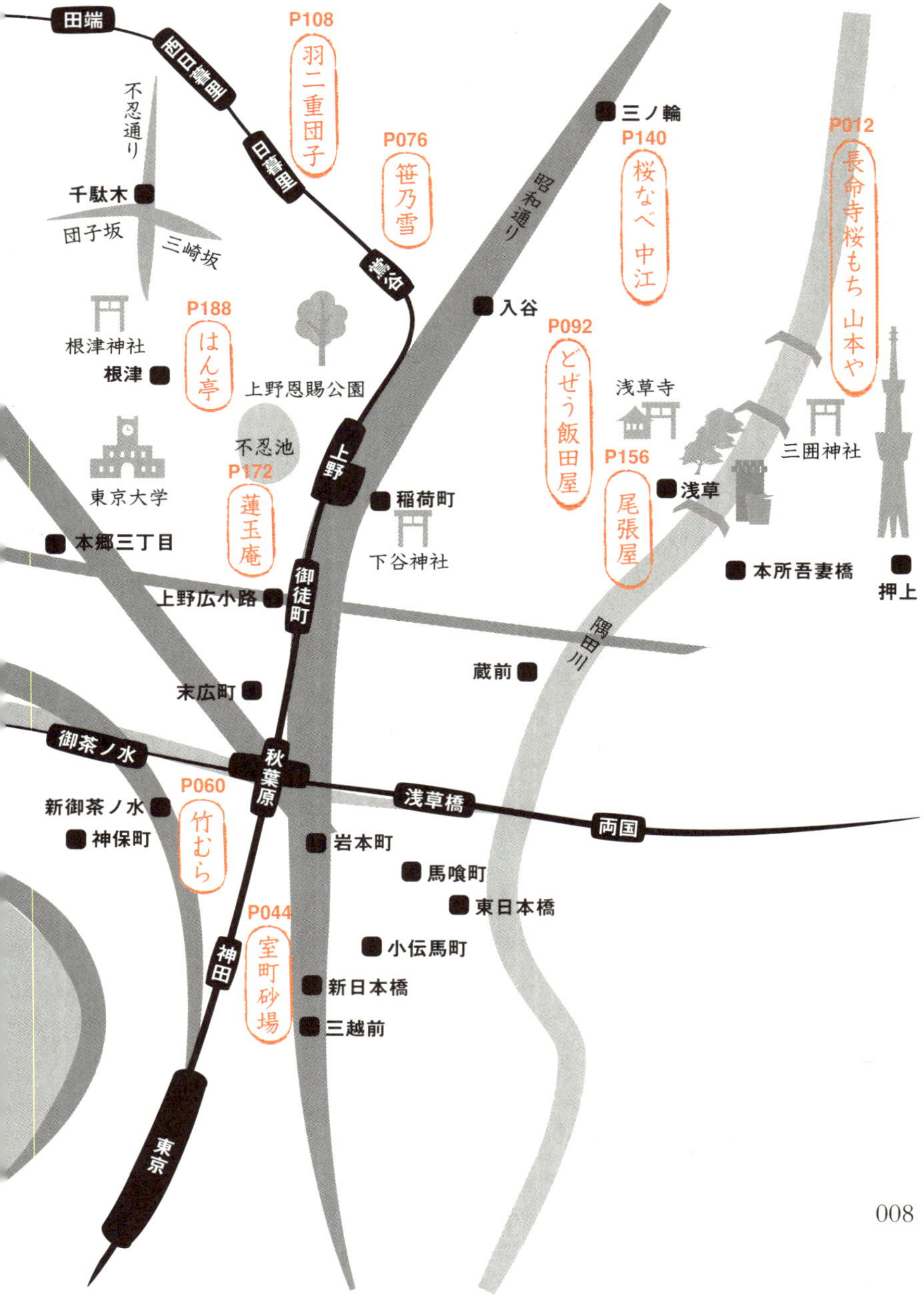

田端
西日暮里
日暮里
鶯谷
上野
御徒町
秋葉原
神田
東京
御茶ノ水
浅草橋
両国
P108
羽二重団子
P076
笹乃雪
P140
桜なべ 中江
P012
長命寺桜もち 山本や
P188
はん亭
P092
どぜう飯田屋
P156
尾張屋
P172
蓮玉庵
P060
竹むら
P044
室町砂場
不忍通り
千駄木
団子坂
三崎坂
根津神社
根津
上野恩賜公園
不忍池
東京大学
本郷三丁目
上野広小路
末広町
新御茶ノ水
神保町
三ノ輪
昭和通り
入谷
稲荷町
下谷神社
浅草寺
浅草
三囲神社
本所吾妻橋
押上
隅田川
蔵前
岩本町
馬喰町
東日本橋
小伝馬町
新日本橋
三越前

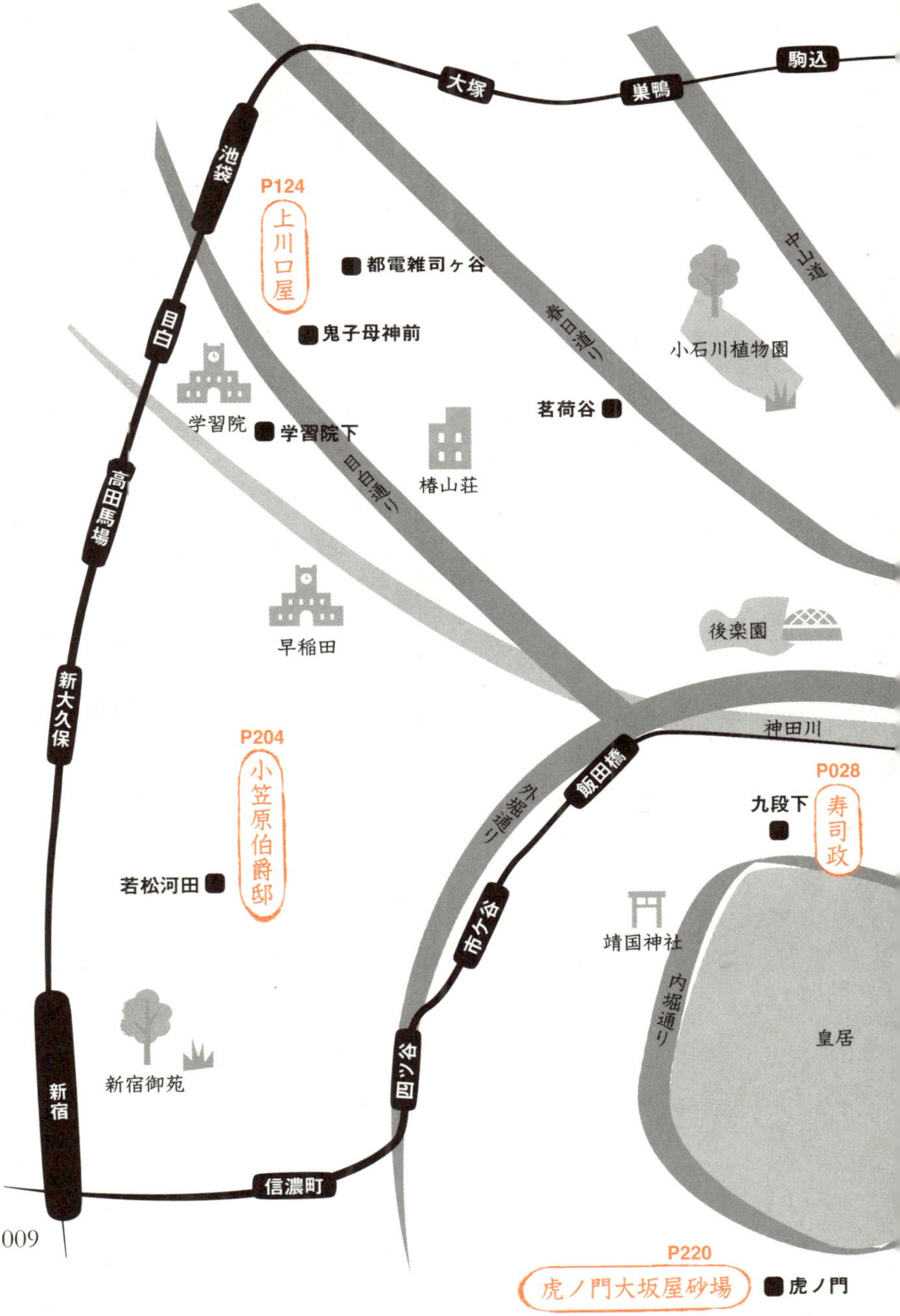
駒込
大塚
巣鴨
池袋
目白
高田馬場
新大久保
新宿
信濃町
四ツ谷
市ケ谷
飯田橋
P124
上川口屋
都電雑司ヶ谷
鬼子母神前
学習院
学習院下
目白通り
春日通り
中山道
小石川植物園
茗荷谷
椿山荘
早稲田
後楽園
神田川
外堀通り
P204
小笠原伯爵邸
若松河田
P028
九段下
寿司政
靖国神社
内堀通り
皇居
新宿御苑
P220
虎ノ門大坂屋砂場
虎ノ門

老舗散歩と一緒に楽しみたい東京の年中行事・お祭り

春

3月　お花見（隅田川・上野公園・千鳥ヶ淵）
4月　文京つつじまつり
5月　夏まつり（下谷神社大祭・神田祭・三社祭）

夏

6月　お山開き（小野照崎神社）
7月　入谷朝顔まつり
四万六千日・ほおずき市（浅草寺）
隅田川花火大会
8月　谷中圓朝まつり
隅田川とうろう流し

秋

9月　へちま加持（浄名院）
10月　鬼子母神御会式（雑司が谷）
谷中菊まつり
11月　浅草酉の市

冬

12月　浅草歳の市
1月　初詣
七福神めぐり（谷中・雑司が谷）
2月　節分会（寛永寺・五條天神社）
湯島天神梅まつり

◆お祭りの開催時期は年度により異なる場合がありますので、事前にご確認ください。

弥生

3月

お花見は江戸の行楽の心意気で

日常の疲れを、時間もお金もかけずに、ちょっとした気分転換で癒やせれば、こんな嬉しいことはありませんね。もしかしたらその点では、今よりも江戸時代の方が〈楽しみ上手〉だったかもしれません。自然をうまく利用していたからです。なかでも手軽で、今でも人気があるのは〈お花見〉でしょう。今月は、隅田川は向島のお花見に出かけ、その後は、これまた江戸時代から続く老舗の和菓子で、ほっこりしたいと思います。

長命寺桜もち　山本や（墨田区向島　享保2年創業）

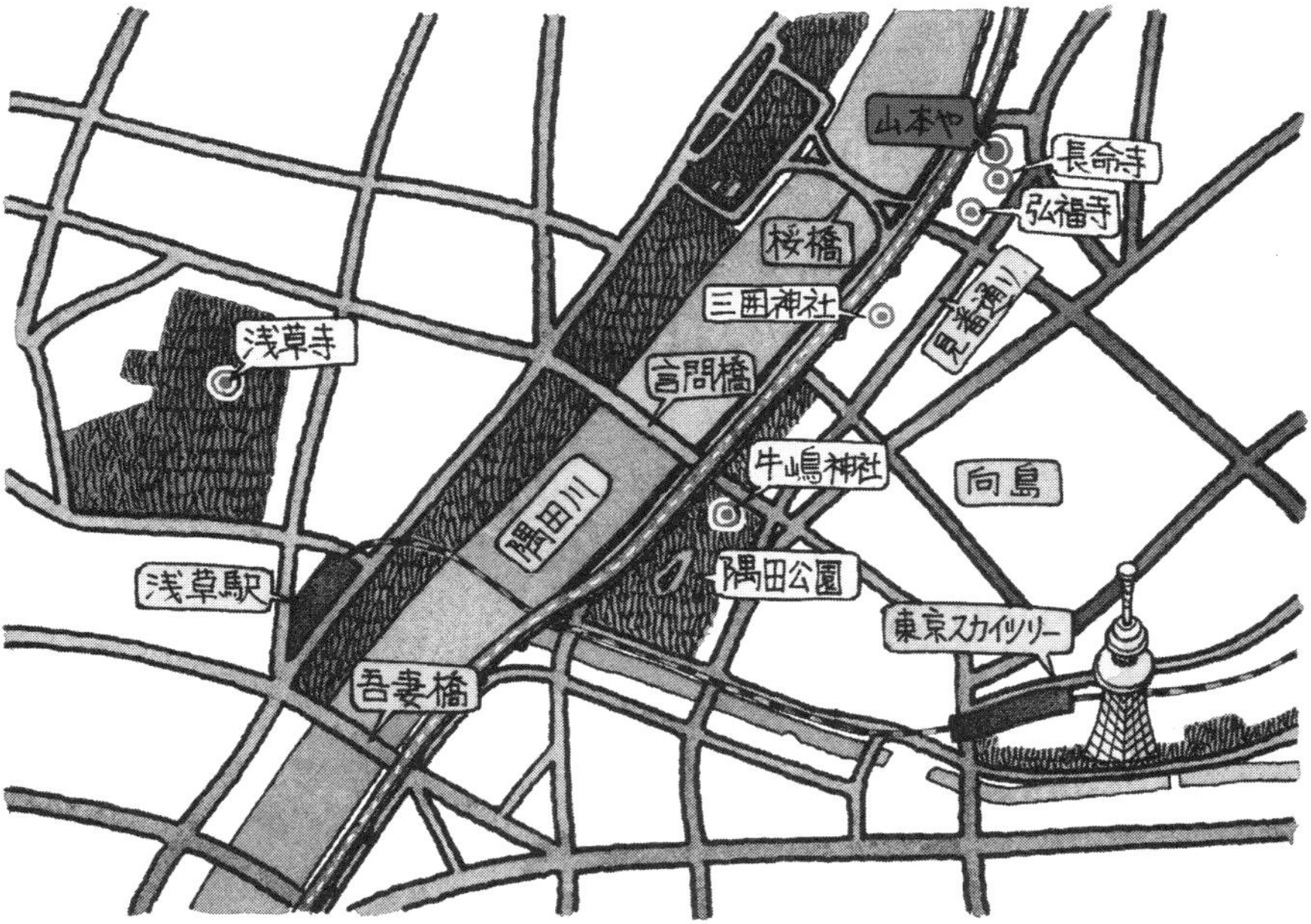
山本や
長命寺
弘福寺
桜橋
三囲神社
見番通り
浅草寺
言問橋
牛嶋神社
向島
隅田川
隅田公園
浅草駅
東京スカイツリー
吾妻橋

お花見の楽しみといえば

落語の「長屋の花見」は、昔のお花見のようすをこんな風に伝えています。

ある日、大家さんが貧乏長屋の店子たちを連れてお花見に出かけました。お花見の楽しみといえば、何と言ってもお弁当ですが、なにしろ貧乏長屋ですから、そのお弁当がトンデモナイ代物だったのです。〈卵焼き〉は〈沢庵〉、〈お酒〉は〈お茶〉といった具合に、安上がりな素材で、なんとなくそれらしいお弁当を作って出かけたのでした。

これでは、いくらお花見でも、盛り上がるはずがありません。それでも店子たちは仕方なく、卵焼きならぬ沢庵を、ポリポリと食べ始めました。

すると大家さんから、さっそくお小言が……

「音を出しちゃいけないよ。それは卵焼きなんだから」

それではと、今度はお茶をすすり始めると、

「酔わなくっちゃいけないよ。気分が出ないじゃないか」

「長屋の花見」では、一事が万事こんな具合で、とんだお花見が展開されます。これでは疲れを癒やすどころではありませんが、昔はどんな貧乏でも、むしろ貧乏であるほど、お花見を楽しんでいたことがうかがえます。

今では、お金を出せば、どんなレジャーでも楽しめますが、お花見は、時間もお金もかからない、究極の〈エコ・レジャー〉だったと言えるかもしれません。

日本人と桜

ところで、花にもいろいろありますが、日本で花といえば桜をさすことが多く、さらには、日本国の象徴として扱われることもあります。その良い例は、海外での桜の植樹でしょう。

たとえば、アメリカ合衆国の首都・ワシントンDCのポトマック川沿いには、８０００本にものぼる桜が植えられています。今やアメリカ有数の桜の名所ですが、これらは明治44年（１９１１）に日米親善の証しとして、日本から寄贈された桜がもとになっているそうです。

ただし、桜が〈日本の花〉に昇格するのは平安時代からで、それ以前は〈梅〉の方が注目を集めていたようです。たとえば『万葉集』には、桜の歌は40首くらいしかないのに、梅の歌は120首近く収められています。奈良時代までは、中国の影響が強かったからでしょう。

ところが、平安時代になりますと、国風文化の影響も手伝って、逆転現象が起こります。最初の勅撰和歌集である『古今和歌集』には、すでに桜の歌が50首以上収められ、それに対して梅は、30首程度と減っています。

また、今のような庶民の楽しむお花見が行われたのは、時代がくだって江戸時代のことです。お花見の名所には上野、飛鳥山、向島などがありましたが、いまだににぎわっているのですから息が長いですね。

いずれも徳川将軍が創出した名所で、上野は3代将軍家光、飛鳥山は8代将軍吉宗が、桜を植えたことに始まります。向島は、4代将軍家綱が植えたのを、吉宗が増殖して名所に発展させたと言われています。

ゆうに300年の時を超えて、今なお人々を熱狂させていることにちょっとビックリしますが、それというのもお花見が、桜とお弁当さえあれば楽しめる、いたってシンプルなレジャーだからでしょう。

いざ、墨堤の桜散歩へ

さて、少し桜に詳しくなったところでウォーミングアップを終了して、〈お花見散歩〉に出かけましょう！　今回目指すのは向島です。江戸時代から〈墨堤《ぼくてい》〉と呼ばれる隅田川土手に、3・7キロにおよぶ桜並木がありました。

では、この土手でのお花見を最大限に楽しむための、イチ押しコースをご紹介しましょう。スタート地点は〈浅草駅〉です。ここには、東京メトロ銀座線と、都営地下鉄浅草線、東武鉄道伊勢崎線が通っています。

駅と目と鼻の先に〈浅草寺〉がありますので、まずはちょっとお参りして、再び駅の方に戻ってください。すると川が見えてきます。それが〈隅田川〉で、目の前に架かっている橋が〈吾妻橋〉です。

橋のたもとからの眺めも一興で、前景に隅田川、中景に個性的な2つのビル、後景に〈東京スカイツリー〉という、いろんな時代が交差する不思議な風景に出会えます。

2つのビルとは、もとアサヒビール吾妻橋工場の跡地に建つ、〈アサヒビールタワー〉と〈スーパードライホール〉です。前者は、黄金に輝くビールジョッキの形をしています。後者は、逆三角形の漆黒のビルで、その上に、孫悟空が乗るきんと雲のような、とても大きな黄金のオブジェがのっかっています。

東京スカイツリーは、2012年に完成した電波塔です。高さは、関東地方の旧国名〈武蔵《むさし》〉にちなんで634メートルあります。完成当時は世界一の高さを

誇っていました。
この風景を眺めたら、橋を渡らずに、川に沿って上流に向かってください。それというのもそこは公園になっていて、桜も見事な上に、対岸の向島の桜も見えるので、両岸の桜が楽しめるからです。

風光明媚な江戸の郊外

隅田川の橋と橋の間隔は非常に短いので、すぐに次の橋〈言問橋《ことといばし》〉に到着します。橋の名称は、『伊勢物語』の歌、「名にし負はばいざ言問はむ都鳥　わ

が思ふ人はありやなしやと」に由来します。
この橋の真ん中も、知る人ぞ知るお花見スポットです。向島の桜とスカイツリーとのコントラストを楽しむことができるので、立ち止まって見てみましょう。

橋を渡りきると、そこはもう〈向島〉です。この辺りは大名の下屋敷が多かったのと、水にも事欠かなかったので、近代以降、広大な屋敷跡に次々と工場が建てられました。今やアサヒビールの工場もなくなり、東京スカイツリーやその周辺をはじめとする再開発が進んでいます。

でも、池や築山など、江戸時代の庭園の雰囲気が残っているところもあります。ここは水戸黄門でおなじみの水戸藩の下屋敷だった場所です。〈隅田公園〉がそれです。

また、庭園の一部は、この地域の総鎮守である〈牛嶋神社〉という大きな神社になりました。以前は1本上流の〈桜橋〉のたもとにありましたが、公園が開設されるのに伴って、昭和7年（1932）に現在地に移ってきました。

この神社の見どころは〈なで牛〉です。境内に鎮座している大きな牛の石像のことですが、癒やしたい部分をなでると治ると信じられてきたので、大勢の人たちになでられてきたお顔やお腹が、テカテカ光っています。

では、横断歩道を渡り、向島花街のある〈見番通り〉と呼ばれる川沿いの道を、上流に向かって歩きましょう。ここからが風光明媚な郊外として、江戸人に親しまれていたエリアになります。

なかでも有名だったのは〈三囲神社《みめぐり》〉です。社殿は小さく、敷地が広い神社です。その社殿の前に、狛犬ならぬ2匹の〈阿吽の狐〉がいらっしゃいます。〈三囲のコンコンさん〉と呼ばれる、狐なのにたれ目の、愛くるしいお顔をした石像です。

もう1つ、古い石像があります。それは、社殿裏手の朱の鳥居の先に祀られている〈爺と婆の石像〉で、見たこともないお顔立ちをしています。その石像前にある供物台は、吉原の太夫〈花扇〉が奉納したと伝えられています。

また、隅田川向きに建つ〈裏門〉と〈大鳥居〉も、浮世絵にしばしば描かれた、三囲神社を象徴する建造物なので、江戸好きの人は是非ともお立ち寄りください。

その他にも見どころがたくさんありますが、先を急いで見番通りを進みましょう。するとすぐに〈弘福寺〉という黄檗宗《おうばくしゅう》のお寺に着きます。

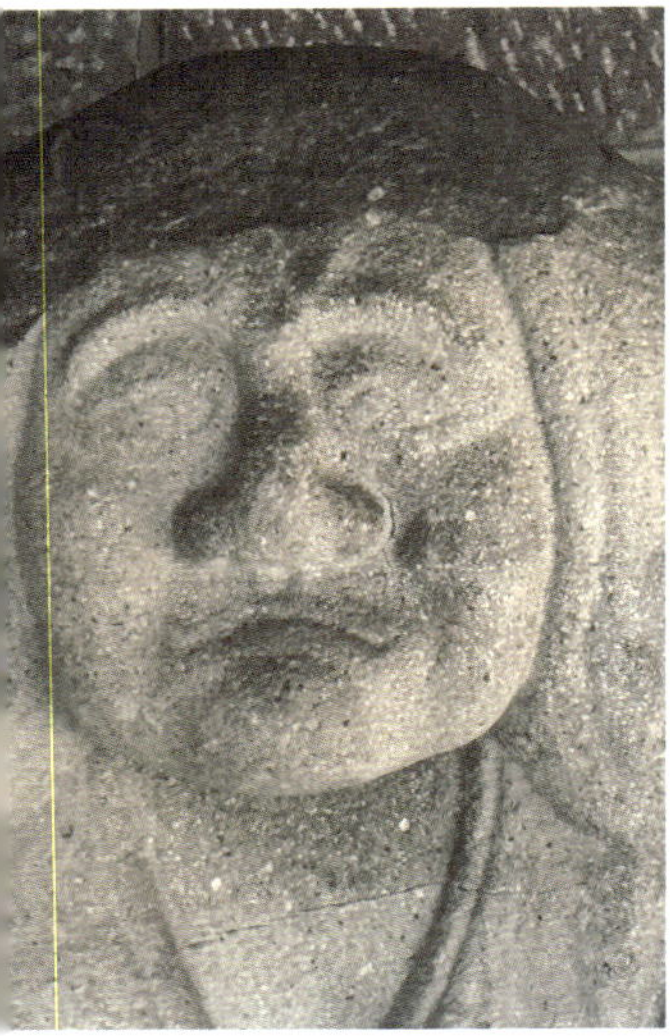

ここにも〈爺と婆の石像〉があります。三囲神社とは違う風貌で、かなり丸みを帯びています。咳に御利益があると信じられてきたので、寺務所でも痰切り飴を売っています。

浮世絵美人の桜餅

もし、お昼に浅草を出発して散策したならば、夕方になっている頃かと思います。そこで、ちょっとイップクして、その後で夜桜見物をしながら、スタート地点の〈浅草駅〉に戻るというコースをご提案したいと思います。も

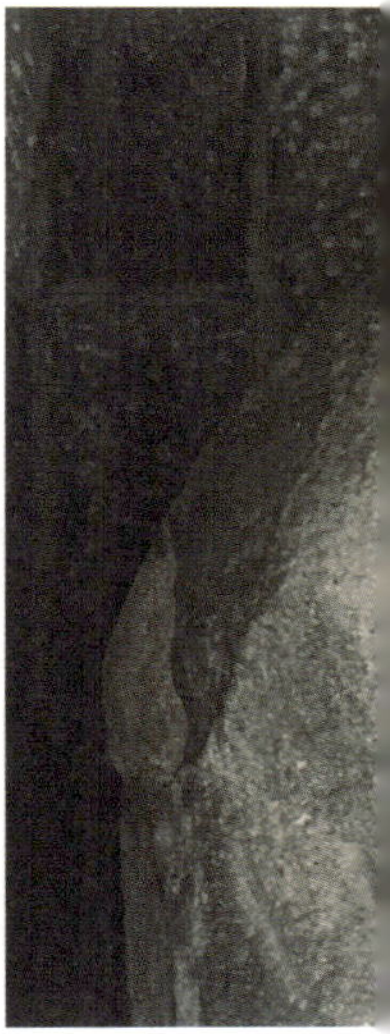

う帰るだけなので、露店で1杯ひっかけて酔っ払っても安心ですよ！
しかもこの辺りはちょうど、最も土手に上がりやすい場所でもあります。長い階段をのぼる必要もなく、ほとんどフラットな状態で土手に行けます。

さて、イップクするのは〈山本や〉という老舗です。弘福寺の隣に〈長命寺〉という天台宗のお寺があって、その角を曲がると隅田川に出るのですが、山本やは、その長命寺と隅田川に挟まれたところにあります。
創業は、享保2年（1717）。8代

将軍吉宗が墨堤に本格的に桜を植え始めた時期です。この頃、長命寺の門番をしていた山本新六が、桜の葉を使ってお餅屋さんを始めたので、屋号は山本やですが、今でも〈長命寺の桜餅〉の愛称で親しまれています。

元治元年（1864）に出版された、2代歌川広重の浮世絵「江戸自慢三十六景 向嶋堤ノ花 并ニ さくら餅」に描かれるなど江戸時代から有名で、文政7年（1825）の記録から、1年に38万個売れたとも推定されています。


普段は店内で食べられますが、お花見の時期はお持ち帰りのみになるかもしれないので、ご注意ください。浮世絵にも、2人の女性が篭で編んだお土産の包みを下げて、墨提を歩いているようすが描かれています。もし店内で食べられなかったら、「花よりダンゴ」さながらに、お花見をしながら食べてもいいですね。

店内の緋毛氈《ひもうせん》の縁台に腰をかけると、3寸四方の杉箱に入った桜餅が出てきます。江戸時代には、陶器のお皿が高価で揃えにくかったため、木の箱にしたそうです。側面に押された〈長命寺さくら餅〉という焼印も、歴史を感じさせます。

桜餅も独特で、2、3枚の塩漬けの桜葉で覆い尽くされていて、まったくお餅が見えません。それをむくと、味付けも着色もない白い薄皮で繊細な舌触りの餡子を包んだ、ほんのりと桜の香りがする桜餅が、顔を出します。
江戸時代から変わらない製法の日本初の桜餅を、どうぞご堪能ください。

本文中で食べたメニュー
召上り　¥500
（桜もち1個　煎茶つき）

【長命寺桜もち 山本や】
東京都墨田区向島 5-1-14
電話 03-3622-3266
［営業時間］
8:30 ～ 18:00
［定休日］
月曜・火曜

卯月

4月

新緑のお濠端を訪ねて

〈森林浴〉の季節になりました。でも、近年都内は開発ラッシュで、自然が減ってきている気がします。それでもまだ都会の真ん中には、かなり広範囲で残っています。季節のよい今月は、そんな都心の自然を散歩して〈心身ともにリラックス〉させて、最後に老舗のお寿司屋さんでランチをいただきます。この散歩コースでは、自然だけではなく江戸情緒も満喫できます。ランチで訪れるお寿司屋さんも建物が昔ながらのしもたやなのはもとより、職人さんの技がつまったお寿司は、五感で江戸を味わわせてくれます。

寿司政（千代田区九段南　文久元年創業）

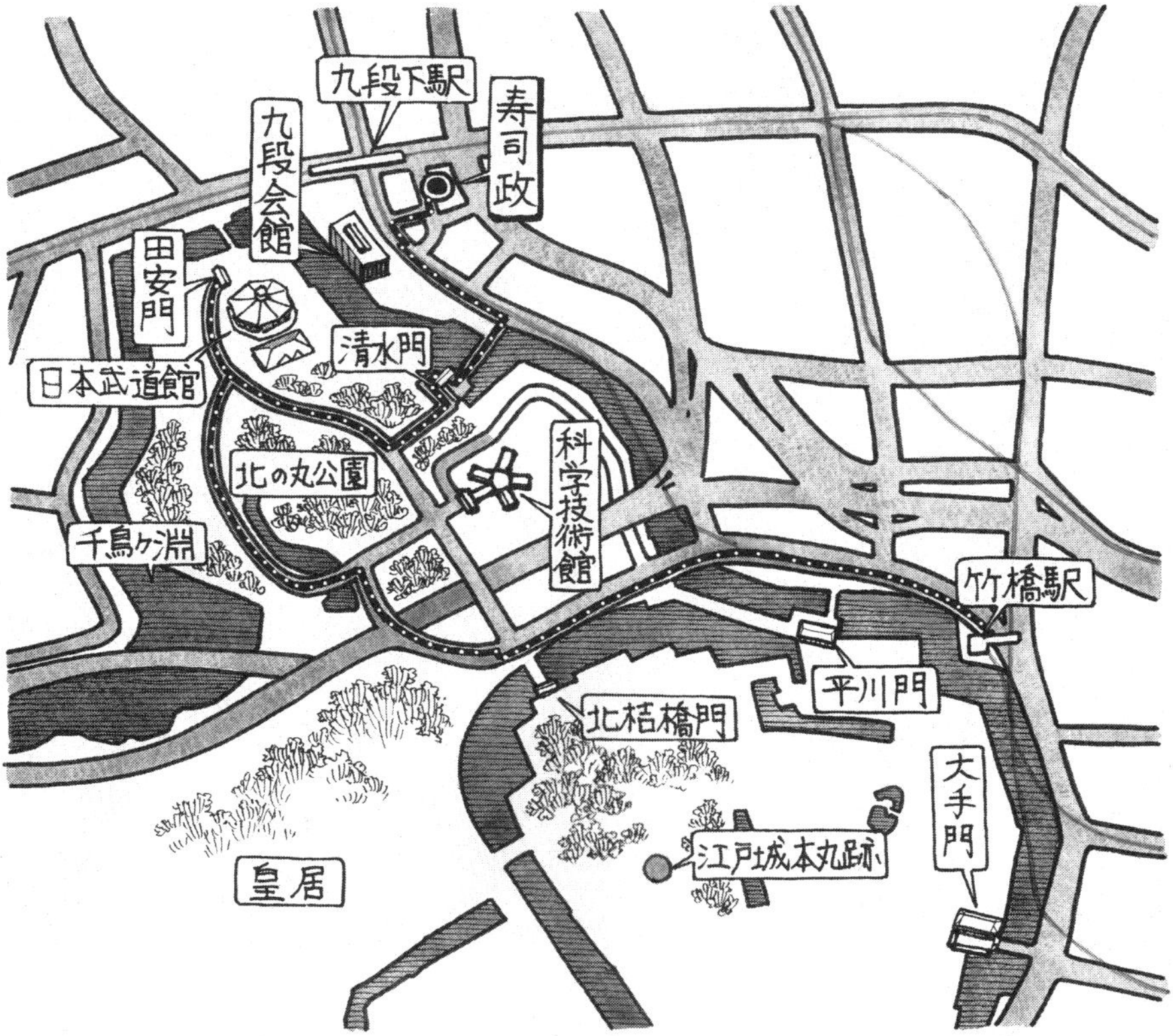
九段下駅
寿司政
九段会館
田安門
日本武道館
清水門
北の丸公園
科学技術館
千鳥ヶ淵
竹橋駅
平川門
北桔橋門
大手門
江戸城本丸跡
皇居

江戸城の本丸の雄大な景色

〈江戸城〉には今でも10数ヵ所の門が残っていますが、一般の人々が出入りできるのは3つしかありません。1つは〈大手門〉。現在も地名や駅名として使われているのでお馴染みの名称ではないでしょうか。

そして、その他2つは〈平川門〉と〈北桔橋門《はねばし》〉です。今日の散歩コースのスタートを切るのは、この〈平川門〉から〈北桔橋門〉までです。左側には常に見事な江戸城のお濠と石垣が見えているので、自然と江戸情緒とを味わいながら歩けます。だらだらした上り坂になっていますが、距離は非常に短いので健脚じゃなくても歩けます。どんなにゆっくり歩いても20分もかからないでしょう。

出発は〈竹橋駅〉にしましょう。地下鉄の東京メトロ東西線が通っています。大手町側の〈2番出口〉から地上に出ますと、そこはお濠端です。すぐに江戸城の石垣とお濠が目に飛び込んできます。水をたたえた広々としたお濠や、高く

そびえる美しいお城の石垣を見ていると、江戸時代にタイムスリップした気分になれるでしょう。
ここで3つの門の役割について簡単にみておきましょう。〈大手門〉は言わずと知れた江戸城の正面玄関です。〈平川門〉は江戸城の裏門で、通用口のように使われていました。〈北桔橋門〉は江戸城北部の防衛を担っていた門でした。そのため〈北桔橋門〉の石垣の高さは18・5メートルと江戸城で最も高く、圧巻の雄大な景色が見られます。

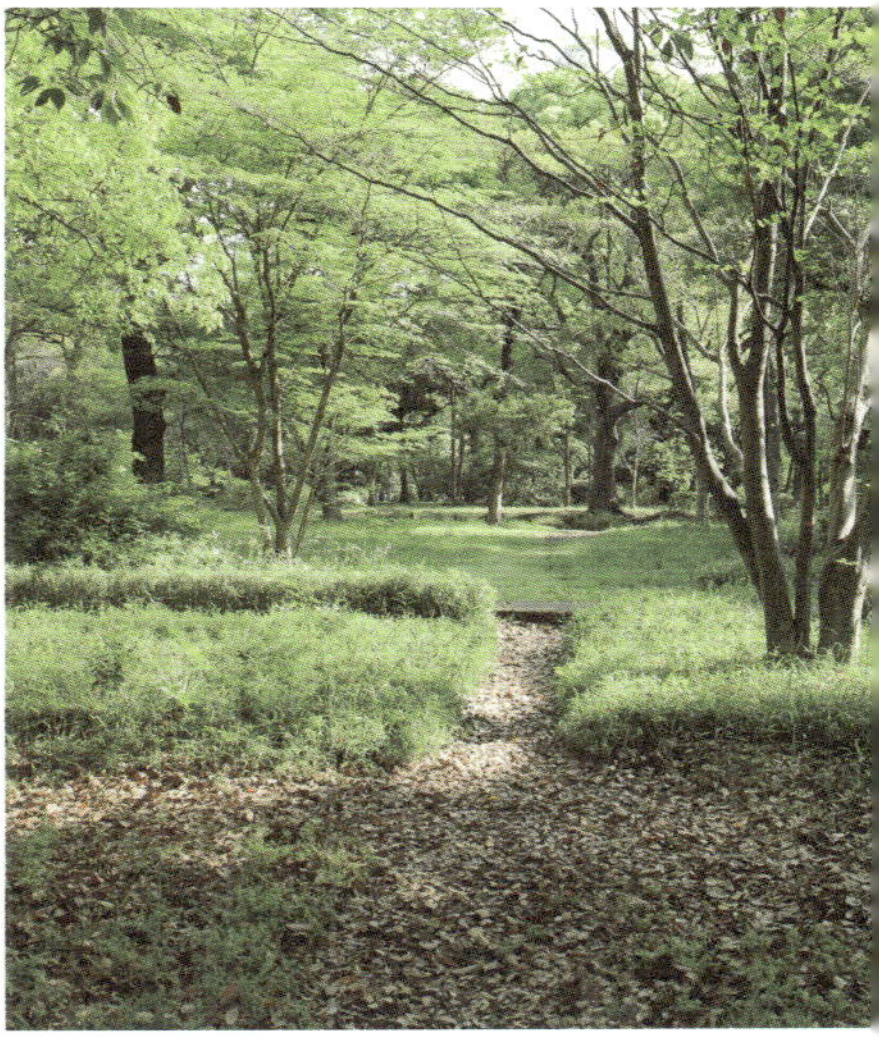

江戸の当時を想像してみましょう。〈高麗門〉と呼ばれる形をした〈北桔橋門〉をくぐると、すぐに〈江戸城本丸〉の天守閣が出てきます。この門がどれだけ重要だったのかが分かります。そのため門の扉部分を跳ね上げることができるようにしてありました。いわゆる「跳ね橋」になっていたので、そこから「はねばしもん」という名称になりました。

北の丸での自然散策

さて、〈平川門〉と〈北桔橋門〉は見

るだけで、江戸城の〈本丸〉には入らず、歩道橋を渡って道の反対側に行きます。するとそこから先は江戸城の〈北の丸〉になります。本丸には代々の徳川将軍が住んでいましたが、北の丸に住んでいたのは将軍の関係者や家族です。
特に、江戸中期に将軍の後継ぎ候補の３家〈徳川御三卿〉が創設され、以来そのうちの〈田安家〉と〈清水家〉が北の丸の住人になりました。西側が〈田安家〉、東側が〈清水家〉です。明治から昭和初期までの軍部に利用されていた時期はここでは端折りますが、その後、昭和44年（１９６９）に〈北の丸公園〉として一般に公開されました。

この公園の特徴は、自然があふれているところです。広大な公園の大半を占める中央の部分には、〈武蔵野を思わせる雑木林〉があります。目立たないように張り巡らされた細い遊歩道が、私たちを自在に林へと誘います。〈森林浴〉をしながら散歩をしていると、どこからともなく鳥の囀りが聞こえてきます。また、歩みを止めて足元に目をやると、小さな花や昆虫などに出会えます。高木からの木漏れ日も心地よいです。

公園の西側には多少の起伏があり池もあって、中央部とは一味違った公園の別の顔を見ることができます。池とお濠の間にあるのが起伏のあるゾーンです。起伏を持たせたところに、さらに常緑樹をたくさん植えることで、北の丸の外に広がる道路やビルなどの現代社会の光景を隠しています。

このあたりは池と築山のある日本庭園のようなつくりになっていますが、人工的な美しさではなく、むしろ野趣あふれる雰囲気に包まれています。それがかえって山にハイキングにでも来たような、非日常の気分にひたらせてくれます。もちろん山といっても築山程度の低さと狭さです。いわば〈見立て登山〉です。

そんな山道を歩いていると、木々の間からそこはかとなく水音が聞こえてきます。山深いのでどこから聞こえてくるのか、なかなか知ることができません。音に導かれつつ崖を降りて行き振り返ると、なんとそこには滝が流れていた……こんな楽しみ方もできるかもしれません。ぜひ思い思いの登山をお試しください。

そして、頂上に登ってお濠を見下ろすと、この時期なので満開の桜が見えるかもしれません。そうです。このお濠は、お花見の名所でも有名な〈千鳥ヶ淵〉なのです。

北の丸公園アラカルト

〈北の丸公園〉には自然以外の見どころもあります。このうち、2つの文化施設と1つの歴史遺産を見ていきましょう。

文化施設の1つめは〈日本武道館〉

です。〈北の丸公園〉の最北端に位置しているので、北の丸にあった将軍ゆかりの2家の門のうち、田安家の門が最寄りになります。
〈日本武道館〉は、急峻な〈九段坂〉の中腹にある〈田安門〉を入ってすぐのところに建てられた巨大な建物で、しかも正八角形という特殊な形をしていて、その屋根の真ん中には金色の〈擬宝珠《ぎぼし》〉も付いているので、かなり目立つランドマークのような建物です。
最初の東京オリンピックの時に柔道の会場にするために建設され、開催年の昭和39年（1964）に完成しました。

以来、武道やそれ以外の競技場のほか、入学式や入社式、コンサート会場に使われています。昭和41年にビートルズが初来日して初めてコンサートを行ったのも、ここ日本武道館でした。また、昭和60年に日本のバンド、爆風スランプが歌った「大きな玉ねぎの下で」の〈玉ねぎ〉は〈擬宝珠〉のことです。

2つめは〈科学技術館〉です。こちらは〈北桔橋門〉から〈北の丸公園〉に入ってすぐ東側にあります。科学技術の普及と啓発のために、武道館と同じ年に開館しました。高度経済成長期は多数の来館者がいたようですが、今は人がそれほど多くないので、面白い実験や体験を待たずに行えて、建物も昭和レトロで味があるので、穴場のスポットとしておすすめです。例えば、巨大なシャボン玉を作ってその中に入ることも、かっこいいオートバイに乗ることもできます。

最後に、歴史遺産に向かいましょう。北の丸には2家の2つの門が残っていますが、このうち〈田安門〉は寛永13年（1636）に建てられたとされる古い門ですが、武道館の大勢の来場者が使っていることもあり、なんだか垢抜けしています。

一方の〈清水門〉は、〈田安門〉より古く慶長12年（1607）に創建されたと言われています。その古さもさることながら、今では誰が使うともなくひっそりと残っているので、いっそう時代がかっていて、古色そのままに時間が止まっているかのような趣があります。

石畳の階段があり、それを何段か降りていくと門に着きますが、その石畳からして寂れています。武士たちの「ナンバ歩き」に適していたのでしょうか、現代人にはとても歩きにくい不均衡な高さと大きさの石でできています。さらにその石さえ、合間から雑草が生えるなどして崩れかかっています。その〈スレていない〉ところが、まさに歴史遺産にふさわしく思われます。

そして、門を出ると、いきなり開発真っ只中の〝最新の現代社会〟に出てきます。ドラえもんの「どこでもドア」のように、門を出入りするだけで400年の時空を簡単に超えられる場所は、〈清水門〉をおいてほかに滅多にないでしょう。

江戸時代から続く寿司政

〈清水門〉を出ると、都心の開発真っ最中で、高層ビルの建設工事が行われています。一足早くリフォームを完成させた〈九段会館〉も、昔の雰囲気は残しつつも現代風のおしゃれなビルに変貌しています。この会館がある場所が〈九段下〉、つまり〈九段坂〉の根本にあたります。坂を登れば、途中に〈田安門〉があり、登りきったところに〈靖国神社〉があります。

さて、〈清水門〉をくぐって〈九段

会館〉まで進み、坂を登らずに会館の対面の開発地区の仮囲い（もう高層ビルが完成しているかもしれませんが）の方に向かってください。高い仮囲いの裏に開発を免れた、昭和感満載の一角があります。そこに建っているのが、今回の最終目的地〈寿司政〉です。
数寄屋造りのしもたやで、1階に大将がいるカウンターと椅子席、2階には座敷があります。ランチタイムなどは近所の数名のサラリーマンが2階へと上がっていきます。メインのメニューは〈にぎり〉と〈ちらし〉です。ランチはどちらも4000円台から

と、お手頃にいただけます。

お店の歴史は江戸時代後期にさかのぼります。文久元年（1861）に日本橋で開店し、明治時代に神田三崎町にあった歌舞伎小屋〈三崎座〉で握るようになりました。それが大正12年（1923）の関東大震災で焼け出され、現在地の九段下に移転しました。


お店独自の〈赤酢のしゃり〉に、新鮮だけれども手間をかけた〈ネタ〉が合わさって、これぞ本物のお寿司とうならされます。気が短い江戸っ子が好んで食べていたという〈にぎり〉も絶品ですが、〈ちらし〉寿司にのっている〈ネタ〉の種類の豊富さとバランスも絶妙です。江戸っ子好みのネタのオンパレード。芝居の幕間でいただいているような贅沢な気分が味わえます。

大将はカウンター越しに、どんな食べ方をしたっていいよとか、分からないことは何でも聞いてくださいね、などと気さくにお話ししてくれていましたが、職人さんのお仕事についてうかがうと、急に顔がひきしまり、口が重くなりました。

このいたってシンプルでとても美味しいお寿司は、長年の厳しい修業をへた職人さんだけが作り出せるものなのだと、大将の表情から言外に理解できました。
これぞ〈粋〉だね。

本文中で食べたメニュー
ランチにぎり（梅）　￥4,400

【寿司政】
東京都千代田区九段南1-4-1
電話　03-3261-0621
［営業時間］
〈平日〉
昼 11:30〜14:00（L.O.13:30）
夜 17:30〜23:00（L.O.22:00）
〈土・日・祝日〉
昼 11:30〜14:00（L.O.13:30）
夜 17:00〜21:00（L.O.20:30）
［定休日］
年中無休

皐月

5月

春のお江戸日本橋

5月といえば、東京では〈お祭り〉の季節！　なかでも江戸の総鎮守とされる神田明神の〈神田祭〉は、東京を代表するお祭りです。将軍家も御覧になったことから〈天下祭〉と言われています。氏子町も、〈神田〉や〈日本橋〉など、すべて都心にあります。さて、今月はこの氏子町の中でも、都心のなかの都心・日本橋を散歩します。タイミングがよければ御神輿も見られるかもしれませんよ。その後は、老舗のお蕎麦屋さんで、美味しい名物蕎麦をいただきましょう。

室町砂場（中央区日本橋室町　明治２年創業）

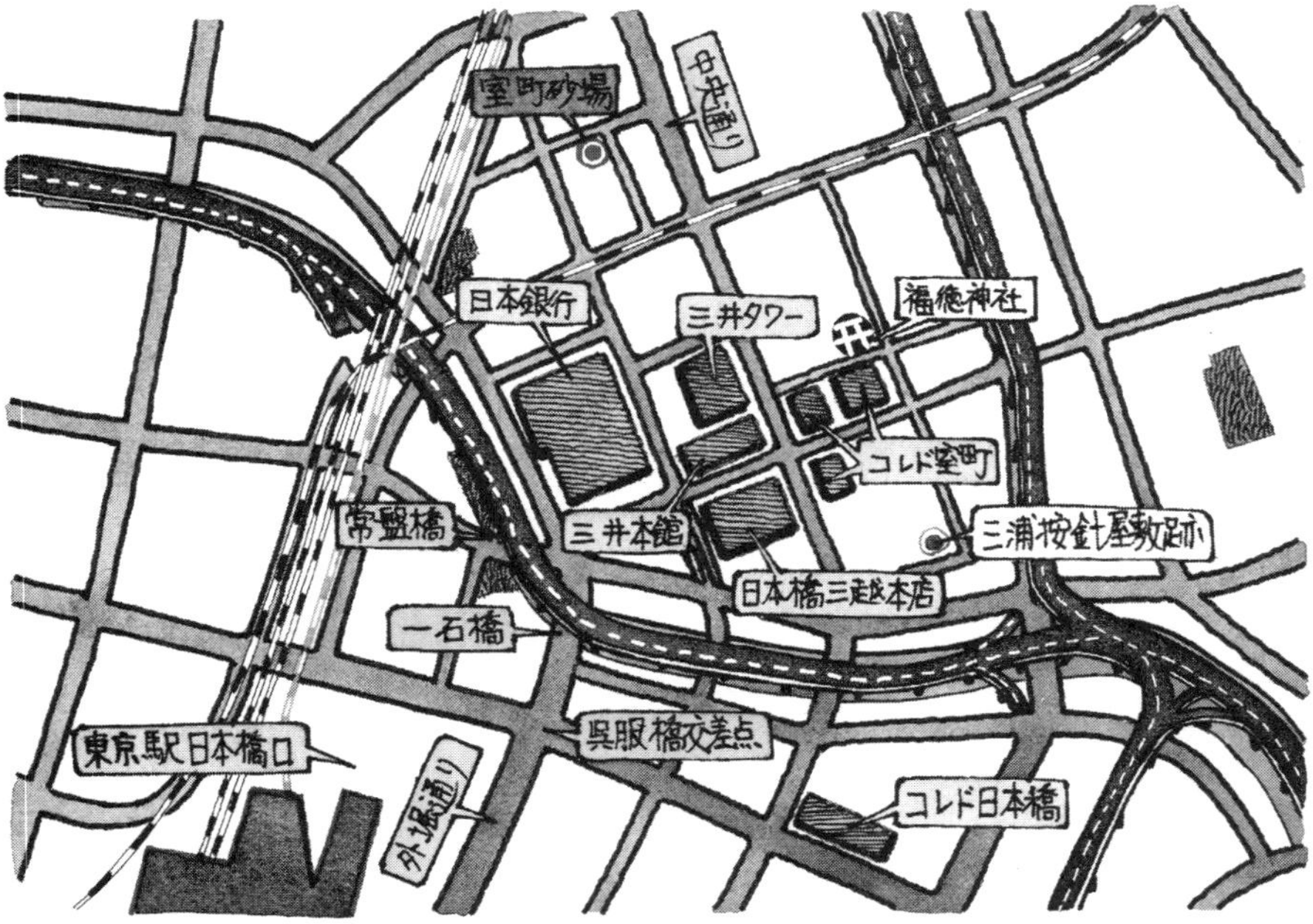
室町砂場
中央通り
日本銀行
三井タワー
福徳神社
コレド室町
常盤橋
三井本館
三浦按針屋敷跡
日本橋三越本店
一石橋
呉服橋交差点
東京駅日本橋口
外堀通り
コレド日本橋

東京の繁華街の元祖！

日本の首都は東京ですが、その中心はどこだったかご存知ですか？　今では、銀座・新宿・渋谷・原宿など、たくさんの繁華街がありますが、実はこれらはニュータウンで、江戸時代には〈日本橋〉が中心だったのです。

そもそも東京が今のような大都市になったのは、江戸時代からです。江戸は、徳川家が江戸城を中心にして造った総城下町です。現在の東京も、その江戸の町を土台にして造られています。

城下町だった頃の江戸の町は、職業ごとに住む場所が決まっていました。第1は武家が住む〈武家地〉で、全体の約70％を占めていました。第2は寺社のある〈寺社地〉で15％、第3は庶民の住む〈町人地〉で15％でした。人口は、おおよそ武家が50万人、町人が50万人だったと言われています。そのため、おのずと町人は、長屋のような狭い家に住まざるをえなくなります。

では、その町人地はどこにあったのでしょうか？　天保14年（1843）に出版された「天保御江戸大絵図」で確かめてみましょう、そこには、江戸城を中心にして、現在のＪＲ山手線よりも、ひと回り大きい地域が描かれています。今では東京の範囲が、西東京と呼ばれるエリアまで拡大され、かなり広がりましたが、江戸時代にはこの地図に描かれているところまでが〈江戸〉でした。

さて、地図の色に注目しますと、およそ3色からなっています。〈白〉は武家地、〈赤〉は寺社地、〈灰〉は町人地を表しています。灰色の町人地が、新橋から神田にかけての、現在の〈中央通り〉沿いに集中しているのが分かりますでしょうか。

そして、そのまん中に日本橋がありますね？　そこが都心、つまり江戸の心臓部だったのです。街道（国道）の起点も、江戸時代から今に至るまで日本橋ですし、〈東京の台所〉と言われる築地の元祖〈魚河岸〉もここにありました。つまり日本橋は、日本全国からヒトやモノが集まる場所だったのです。

江戸から明治へと時代が変わると、東京の町はどんどん西洋化していきました。また、大正12年（1923）には関東大震災、昭和20年（1945）には東京大空襲があるなど、大きな天災や戦災により、そのつど破壊と再建が繰り返されました。都心というのは、それらの変化にいち早く対応するのも特徴で、今も東京オリンピック（TOKYO2020）開催を機に再開発が進められています。

おそらく、現在の都心を表面的に見ただけでは、江戸らしさを感じるのは難しいでしょう。そこで、約400年にわたる歴史が地層のように埋まっている日本橋を、想像力を働かせながら歩いてみることにしましょう。

石が伝える江戸百景

散歩のスタート地点は〈東京駅〉です。駅自体、大規模なリニューアル工事が行われていて、ちょっと分かりにくくなっていますが、そのなかでは広々として分かりやすい〈日本橋口〉を出発点にしたいと思います。

正面の道路を右に進むと、すぐに〈呉服橋の交差点〉に出ます。ここには、その名のとおり、〈呉服橋〉という橋が架かっていました。また、橋のあったところは、今では〈外堀通り〉という道路になっていますが、かつては江戸城の〈外濠〉がありました。

この交差点を、橋脚の見える方に渡ると、〈一石橋《いっこく》〉に出ます。ここには、お濠と橋が残っています。この橋は〈八ツ見の橋〉とも呼ばれていて、歌川広重の「名所江戸百景」というシリーズものの浮世絵にも描かれています。

名称の由来は、〈呉服橋〉〈鍛冶橋〉〈常盤橋〉〈日本橋〉〈江戸橋〉〈銭瓶橋《ぜにがめ》〉〈道《どう》三橋《さん》〉〈一石橋〉と、八つの橋を見ることができたからですが、今では常盤橋しか見られません。また、江戸時代には人々でごったがえしていたようですが、今では、高速道路の出入口があるので、車こそ行き交うものの、人影はまばらです。かつての賑わいは、石碑で偲ぶしかありません。

一石橋の〈親柱〉の脇に建つ「まよい子のしるべ」と彫られた石柱がそれです。

迷子が出るほど賑わっていたことが分かります。その左右の面には「知らする方」「たずぬる方」と彫られていて、それぞれの面に迷子の名前や特徴などを書いた紙を貼って探したそうです。

隣の〈常盤橋〉も趣がある石橋です。橋のたもとには、日本経済の父と呼ばれる〈渋沢栄一の銅像〉が建っています。その周囲には、わずかに古い石垣も残っています。正確に言えば御門《ごもん》の跡です。この橋は、江戸城防備のための重要な門のひとつだったので、橋だけではなく門が付いていたのです。明治10年（1877）に木造から石橋に架け替えられたモダンな橋が、令和3年（2021）の修理工事で甦りました。この橋を渡った先の中央通りに向かう道も、歌川広重の浮世絵シリーズに「日本橋駿河町」と題して描かれています。この絵によれば、江戸時代には富士山も見えたようです。

実は、この道の周辺こそ江戸の中心地だったところです。町人地ながら長屋ではなく、今で言う大企業が軒を連ねていました。なかでも大きかったのは〈越後

屋〉でした。いわゆる三井財閥の前身です。延宝元年（1673）に、家祖の三井高利が、江戸と京都に呉服店を開業したのが始まりで、その後、両替業や為替業なども手掛け、ますます発展していきました。
越後屋は、明治以後、店舗と業種を西洋化・近代化させつつ、〈三井本館〉と〈日本橋三越本店〉と名称を変えて、今なお同じ場所で営業を続けています。ご存知の方も多いと思いますが、〈三越〉は、三井の〈三〉と越後屋の〈越〉を合わせたものです。
いずれもモダンな近代建築で、文化

財に指定されています。また、三井本館の裏手にある〈日本銀行〉も、明治期の貴重な建造物で、これまた文化財になっています。

再開発と時空の地層

いよいよお江戸日本橋のメインストリート〈中央通り〉に出てみましょう。さすが首都の心臓部だけあって、まばゆいばかりの最新ビルが林立しています。三越の通りをはさんだ向かい側には、近年完成した高層の店舗兼商業ビル、〈コレド室町1〉〈コレド室町2〉〈コレド室町3〉が建っています。

〈日本橋〉の橋の反対側には、これらよりも先に完成した〈コレド日本橋〉があり、三井本館の隣には〈日本橋三井タワー〉も建っています。

これらのビルは、まとめて「三井ショッピングパークアーバン」と呼ばれています。このように現在、日本橋地区全体のリノベーションがはかられていて、令和7年(2025)末には兜町・茅場町の大規模開発が完了する予定です。

この地区の再開発の特徴は、今と昔を交差させる工夫が、随所にちりばめられているところでしょう。たとえば、各ビルの入口に大きな暖簾を掛けて〈粋〉を演出をしていたり、ビルの合間に〈福徳神社〉が再建されたりしています。

ところで、天候が変わりやすい春は、都心の散歩がオススメです。急に雨が降ってきても、すぐにどこかのビルに入って、ウィンドウショッピングや食事を楽しみながら雨宿りができるからです。三井タワーには〈三井記念美術館〉もあるので、美術鑑賞をすることだってできます。

もちろんビルの中には、老舗も入っています。鰹節屋の〈にんべん〉はコレド室町1、果物屋の〈千疋屋〉は三井タワーに、それぞれあります。でも、「ビルよりも昔ながらの店舗の方が好き」という方もいらっしゃるかもしれませんね。そんな方は、三越の向かいの〈むろまち小路〉とその周辺に行くとよいでしょう。はんぺん・蒲鉾屋の〈神茂《かんも》〉や佃煮屋の〈貝新〉などの江戸初期創業の老舗が残っています。

近くには〈三浦按針の屋敷跡〉の石碑も建っています。ただし、とても見つけにくいので、目を凝らして探してみてください。〈三浦〉は日本人ではなく、徳川家康の時代に日本に漂着したイギリス人航海士で、本名を〈ウィリアム・アダムス〉と言います。三浦と共に漂着した〈ヤン・ヨーステン〉の屋敷も近所にありました。東京駅前を〈八重洲〉と言いますが、これはヤン・ヨーステンの和名・耶《や》楊子《ようす》に由来したものです。日本橋は江戸時代から国際都市でもあったのですね。

天ざる・天もり蕎麦の元祖

そろそろご飯の時間にしましょう。中央通りを神田方面に少し進みますと、〈室町3丁目〉の交差点に出ます。ここから先は、まだ開発されていない場所で、どこか懐かしい路地がたくさん残っています。

今から行く老舗の蕎麦屋〈室町砂場〉も、大通りから1本入ったところにあります。この通り自体、車の往来の激しい表通りとは違ってとても静かで、なんだか落ち着きます。

〈砂場〉は、東京で最も古いお蕎麦屋さんの屋号です。起源は豊臣秀吉の時代にまでさかのぼると言われ、大阪城築城中の資材置き場〈砂場〉近くに出店したことに由来するそうです。
室町砂場の創業は明治2年（1869）。名物は、〈天ざる・天もり蕎麦〉です。でも、普通の天ぷら蕎麦を想像してはいけません。注文も、〈もり〉か〈ざる〉と言いましょう。
すると、それらのつめたいお蕎麦に、かき揚げの入った温かい汁が付いて出てきます。いわば、つけ麺のように、冷たいお蕎麦を温かい汁に付けて食べるのです。〈ざる〉と〈もり〉の違いにもご注意ください。〈ざる〉は白い更科で、〈もり〉は黒みのある蕎麦のことです。

天ざる・天もり蕎麦は、3代目の時に、「暑い夏にも天ぷらを美味しく食べてもらおう」と考案されたそうです。そのお蕎麦には、「これぞ砂場」とうならせる最高の喉越しと風味があります。かき揚げには、海老と貝柱がふんだんに入っていて、それだけでも美味ですが、汁と蕎麦との相性が、これまた抜群です。

また、注文から出てくるまでの時間が早いのも、蕎麦がせっかちな江戸っ子のファストフードだったことが思い合わされて、「これも江戸文化のひとつだなぁ」と、嬉しい気持ちにさせられたりします。

〈椅子席〉と〈小上がり〉のある1階は、1人から少人数でサッと食べて出るのに向いています。せっかく行くのだから、もっと楽しみたいという方は、数人そろって、2階の座席で、じっくりお酒を呑みながら季節料理を食べ、シメをお蕎麦にするのがよいでしょう。

散歩は、歩くだけではなく、どこで何を食べようか考えたり、景色を楽しんだり、時には横道にそれて買い物をしたりと、ラフなところも楽しいものです。どうぞ今月も、そんな〈ぶらり散歩〉をお楽しみください。

本文中で食べたメニュー
天ざるそば　¥2,090

【室町砂場】
東京都中央区日本橋室町4-1-13
電話 03-3241-4038
［営業時間］
〈平日〉
11:30～21:00（L.O.20:30）
〈土〉
11:30～16:00（L.O.15:30）
［定休日］
日曜・祝日・年始

水無月

6月

秋葉原まで神田川を歩く

秋葉原といえば、〈電気街〉として、またアニメやアイドルなどの〈オタク文化の聖地〉として、世界的にも知られています。でも、だからこそ、「江戸時代とは全く関係なさそう！」と思われる方も多いのではないでしょうか。ところが実は、江戸時代から繁華街だった上に、その面影もたくさん残っているのです。そこで今月は、あまり知られていない秋葉原周辺のタイムトラベルをしたいと思います。その後は、老舗の甘味処で、まったりと美味しい名物をいただきましょう。

竹むら（千代田区神田須田町　昭和5年創業）

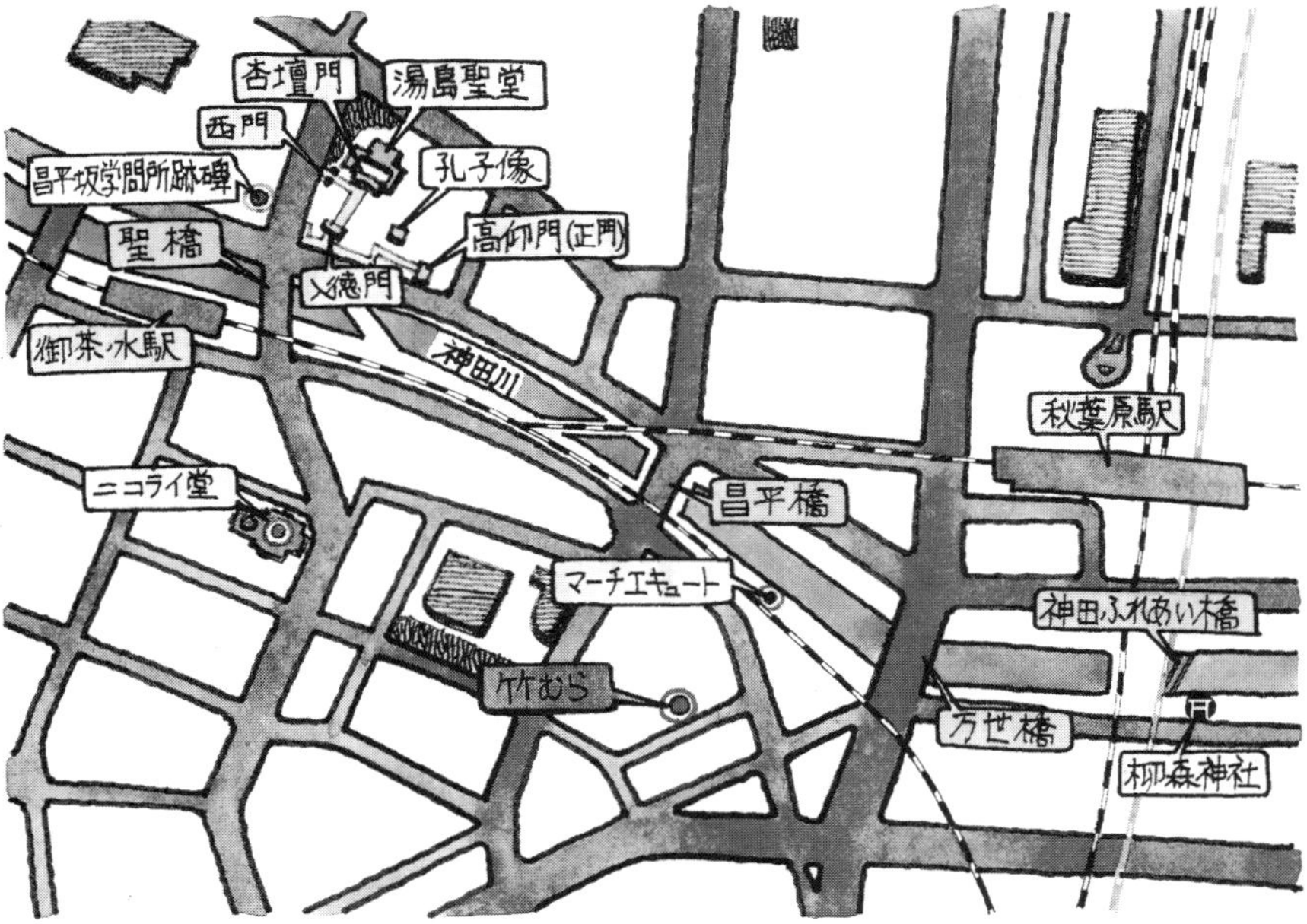
杏壇門
湯島聖堂
西門
昌平坂学問所跡碑
孔子像
聖橋
高仰門(正門)
入徳門
御茶ノ水駅
神田川
秋葉原駅
ニコライ堂
昌平橋
マーチエキュート
神田ふれあい橋
竹むら
万世橋
柳森神社

2つの聖堂をつなぐ橋

ここ何年も、夏は暑過ぎるくらいの気温になりますね。でも6月は、まだそれほど暑くなく、木々の緑も目に心地よく、吹く風も爽やかでしょう。また今回は、川沿いの道で、自然豊かな場所を選びましたので、木陰で休みながら、のんびりと老舗散歩を楽しめると思います。


出発地は、御茶ノ水駅または新御茶ノ水駅からすぐの〈聖橋《ひじりばし》〉です。最寄りにはJR中央線と総武線、また東京メトロ丸ノ内線と千代田線も通っています。

聖橋という名称は、橋を挟んで、一方に〈湯島の聖堂〉、もう一方に〈ニコライ堂〉という2つの聖堂があり、それらをつなぐことから、一般公募で名付けられたそうです。ちなみにニコライ堂は、正式には、〈日本ハリストス正教会東京復活大聖堂〉と言います。

まずは、駅から橋を渡って〈湯島の聖堂〉に行きましょう。橋の下を流れているのが〈神田川〉です。聖堂はちょうど、山の上の〈御茶ノ水駅〉から山の下の〈秋葉原駅〉までの傾斜地にあります。そのため、はからずも敷地内の散策を楽しみながら川ぞいに下ることができちゃいます。

ここで、ちょっと古地図を広げてみましょう。嘉永6年（1853）の古地図「小石川・谷中／本郷絵図」を見ると、〈聖堂〉という文字が書かれていて、木々が生い茂っている様子も描かれています。

では、いったいここはどんな場所だったのでしょうか。答えは、孔子をお祀りする〈孔子廟〉です。孔子とは、『論語』でお馴染みの儒教の祖です。

でも、それだけではありません。江戸時代には〈昌平坂学問所《しょうへいざかがくもんじょ》〉という、今で言う〈大学〉でもありました。しかも、唯一の公の大学、つまり国立大学だったのです。

江戸時代の大学を見学する

さっそく、江戸時代の大学のキャンパスに入ってみましょう。古地図に描かれているとおり大木がいっぱい植わっていて、お陰で都会なのに、ここだけは空気が澄んでいるように感じられます。

今回は、〈西門〉という名の裏門から入り、〈正門〉から出るという、順路とは逆さまのコースをたどります。いわば裏口入学をします。そのため、本来は3つの門をくぐって、ようやく大学の校舎である〈大成殿《たいせいでん》〉にたどり着くはずなのですが、こちらを先に見学します。

3つの門は、正門に近い方から、第1に〈仰高門《ぎょうこうもん》〉、第2に〈入徳門《にゅうとくもん》〉、第3に〈杏壇門《きょうだんもん》〉となっています。

大正12年（1923）の関東大震災の時に、建造物の大半が焼失してしまいましたが、第2の〈入徳門〉だけは、宝永元年（1704）に再建された当時のままの姿で残っています。

さて、裏口入学という多少の背徳感を抱きつつ、第2門と第3門をくぐって、階段を登り、その頂上にある〈大成殿〉に向かいましょう。到着すると、威風堂々とした青銅色の巨大な建物に圧倒されるでしょう。手前に広がる、これまた広々とした〈庭〉と呼ばれる石畳の広場も威圧感があります。その中に立つと、中国の広い宮殿に来たかのような錯覚におそわれます。

では、そこを出て〈正門〉に向かって下りていきましょう。その途中でも、異国情緒を味わうことができます。たとえば、4・6メートルもある巨大な〈孔子の銅像〉があります。仏像を見る機会はあっても、孔子像はめったにお目にかからないのではないでしょうか。

また、手前の〈楷樹《かいじゅ》〉も異国らしい木と言えます。〈楷書〉という書体の由来となった木でもありますが、なぜここにあるのかといえば、孔子の弟子の子貢《しこう》が、師のお墓の前に植えたとの伝承があるからです。孔子ゆかりの木なのですね。

ところで、江戸時代の武士道では〈文武両道〉が理想とされていました。そのため、最高学府の湯島の聖堂で勉強したい人々が全国から集まってきました。敷地内には、地方から来た武士のための〈寮〉もあったそうです。

教科の中心は、孔子の教えである儒教、特に〈朱子学《しゅしがく》〉と呼ばれるものでした。

武士にとって漢文の知識は必須だったのですね。今の大学と変わらず、定期試験もあったようです。

明治の面影を伝える鉄道高架橋

もしかしたら、江戸の最高学府の勉強の雰囲気にあてられて、疲れてしまった方もいらっしゃるかもしれませんね。そんな方もご安心ください。湯島聖堂の正門から出るとすぐ秋葉原になりますので、たちまち気分転換できるでしょう。

でもその前に、秋葉原の手前に架かる2本の橋を見学したいと思います。最初に見えるのが〈昌平橋〉、奥にあるのが〈万世橋〉です。2つとも古地図の「日本橋北・内神田・両国・浜町／明細絵図」にも載っている、古くからある橋です。〈昌平橋〉の昌平とは、孔子の故郷の地名です。5代将軍徳川綱吉が、元禄4年（1691）に、先ほど訪れた湯島聖堂に昌平坂学問所を造営した時に名付けられ

たそうです。
〈万世橋〉は、古地図には、〈筋違御門《すじかいごもん》〉と書かれています。〈御門〉とは要塞の役割も果たしていた重要な橋のことで、〈見附〉とも言います。今でも〈赤坂見附〉のように、地名や駅名として残っているところがありますね。
近代以降、明治45年（1912）に2つの橋の間に〈煉瓦造りの鉄道の高架橋〉が創られました。これは、今の万世橋の場所に、〈万世橋駅〉という大きなターミナル駅が創られたのですが、そこに乗り入れる電車のための高架橋でした。

その駅舎は、東京駅と同じ辰野金吾が設計した、たいへん豪華なものだったようです。それというのも、この辺りは街道が交差する交通の要衝で、江戸の台所〈青物市場〉もあったので、江戸時代からたいへん栄えていたからです。
しかしながら、そのターミナル駅は、東京駅ができて、さらには神田駅や秋葉原駅の乗降客が増えたため早くに役目を終え、しばらくは〈交通博物館〉として利用されていましたが、近年〈マーチエキュート〉という煉瓦橋の中を歩けるお洒落な商業施設に生ま

れ変わりました。

青物市場も、昭和3年（1928）に秋葉原駅の西側に移転し、平成2年（1990）には大田区に引っ越しました。

さて、万世橋を越えて、神田川沿いに進みましょう。山手線の高架をくぐると、すぐに〈神田ふれあい橋〉という、気づかないほどの小さな狭い橋が見えます。東北新幹線をつくる時に工事用に架けられたかりそめの橋ですが、地元の人からの、便利だから残してほしいとの要望に応えて残されたそうです。

江戸の町にあった森の跡

この〈神田ふれあい橋〉も、かなり興味をそそられる橋なのですが、そのお隣に、これまた気になるスポットがあります。それは〈柳森神社〉です。創建は、江戸時代以前に江戸城の城主だった太田道灌の時代にさかのぼります。

その頃の江戸の町には、21ヵ所もの森があったそうです。これはそのうちの1つで、この辺りから隅田川までの神田川沿いの土手に、柳の木がずっと植えられていたので、〈柳森〉と名付けられたと言われています。

神社は、道路よりも低く、川に面した所にあるため、鳥居をくぐったら階段を数段下りて行きます。敷地は縮小されて非常に狭いのですが、その中に周辺のお社などが合祀されたため、さまざまな神さまたちがひしめき合っています。富士山に見立てられた〈富士塚〉の、名残の溶岩もあります。

見どころがいっぱいある中でも特に目を引くのは、狸をお祀りした〈おたぬき様〉でしょう。正式には〈福寿社〉と言います。これにはこんな話が伝わっています。5代将軍綱吉は、兄の4代将軍に継承者がなかったため、期せずして将軍になりました。そのため町人出身の桂昌院が、思いがけず将軍の生母になりました。この異例の出世にあやかろうと、桂昌院の崇拝していた福寿狸が信仰されるようになったということです。

境内にはたくさんの狸の石像があり、いずれも味わいがあるのですが、福寿社の前に祀られている、珍しい鋳物製と思われる2匹の狸は、何とも言えない愛らしいお顔をされていて、思わず見とれてしまいます。

お待ちかねの甘味処へ！

では、先ほど通った〈万世橋〉に戻りましょう。橋をはさんで、一方には現代を象徴するかのような秋葉原電気街、もう一方には老舗が密集した古い町が残っています。

今回は、老舗の密集地に向かいましょう。この辺りを昔は〈連雀町《れんじゃくちょう》〉と言いました。〈連雀〉とは〈商人〉のことです。商人の行き交う繁華な場所だったのですね。

ところで、東京は、その町の多くが関東大震災と東京大空襲で灰燼に帰しましたが、この町は奇跡的に焼け残りました。そして、平成13年（2001）に、この町の5軒の老舗がまとめて〈東京都選定歴史的建造物〉に選定されました。このような例は東京ではここしかないようです。

今から行くのはそのうちの1軒で、昭和5年（１９３０）創業の〈竹むら〉という甘味処です。名物は〈揚げまんじゅう〉です。

注文すると、最初に〈桜茶〉が出てきます。見た目は淡いピンク色でカワイイのですが、実は隠れた主役で、適度な塩加減がおまんじゅうの甘さを緩和し、美味しさも引き立ててくれます。

しばらくすると揚げたてのおまんじゅうが出てきます。きつね色をしたサクサクの衣を口にすると、甘すぎないあんこが口の中いっぱいに広がります。1皿に2つのっているのですが、揚げてあるのに軽やかな味わいなので、２皿でも食べられそうです。

最近は、万世橋の向こうの秋葉原から、世界中の〈オタク〉もやって来るそうです。アニメ『ラブライブ！』の主人公の実家のモデルという、いわば〈アニメの聖地〉になったからです。秋葉原周辺は、今と昔をつなぐタイムトラベルが楽しめるエリアと言えるでしょう。

本文中で食べたメニュー
揚げまんじゅう　¥520

【竹むら】
東京都千代田区神田須田町
1-19
電話 03-3251-2328
[営業時間]
11:00 〜 20:00(L.O.19:40)
[定休日]
日曜・月曜・祝日

文月

7月

朝顔市を粋に楽しむ

夏の花といえば、何を思い浮かべますか？　最近はヒマワリでしょうか。ヒマワリ畑を探訪するツアーもあるようですね。このような花の観賞は、今に始まったことではなく、すでに江戸時代から楽しまれていました。今月は、満開のヒマワリならぬ朝顔がところ狭しと咲いている、そんな光景が見られる〈朝顔市〉に行きたいと思います。そのため、老舗もそれにちなんだお店をセレクトしました。縁日にも思いを馳せつつ、いざ、昔の〈粋なツアー〉に出かけましょう。

笹乃雪（台東区根岸　江戸前期創業）

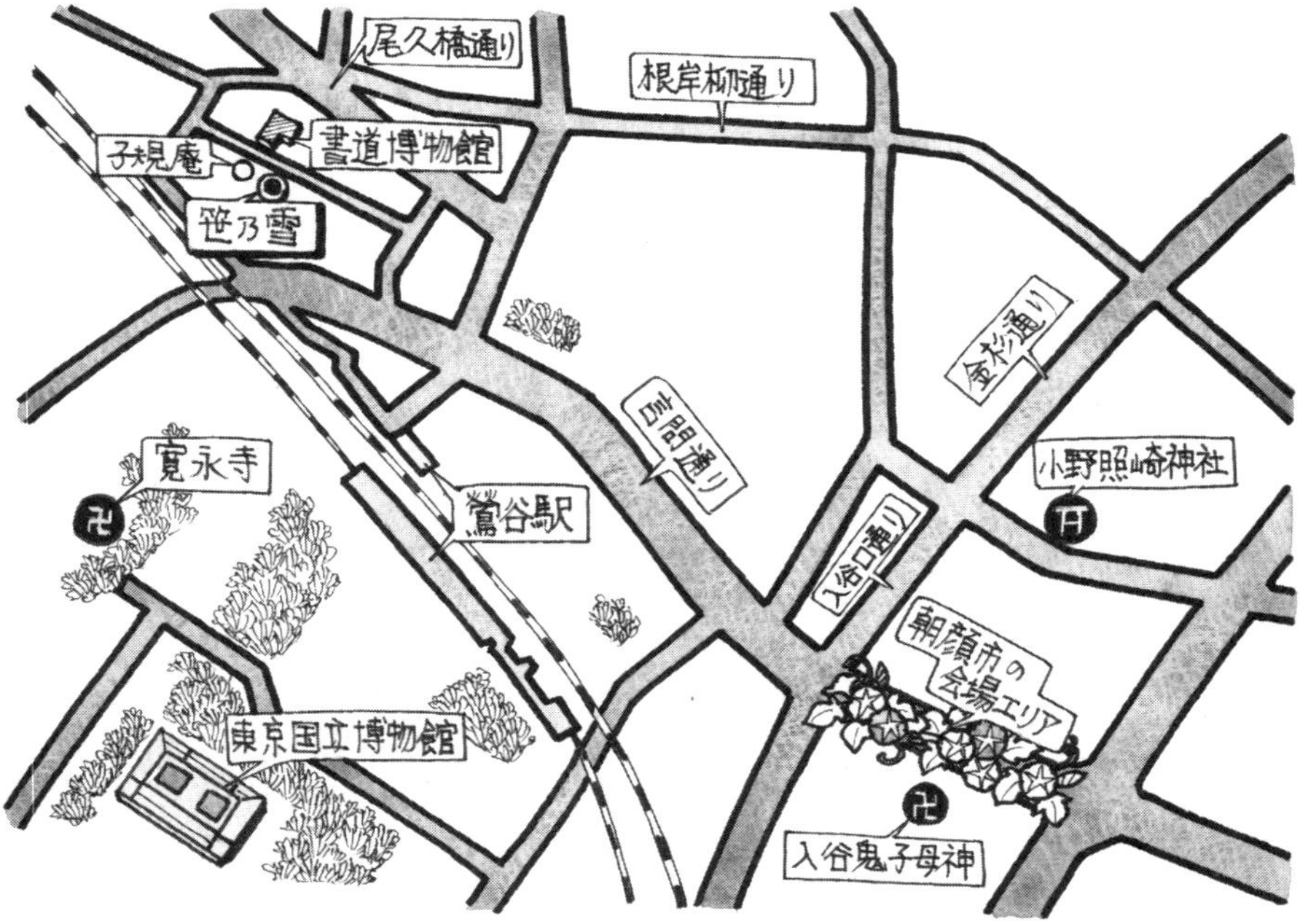
尾久橋通り
根岸柳通り
書道博物館
子規庵
笹乃雪
金杉通り
言問通り
寛永寺
小野照崎神社
鶯谷駅
入谷口通り
朝顔市の会場エリア
東京国立博物館
入谷鬼子母神

根岸の里の侘び住まい

「根岸の里の侘び住まい」という言葉をご存知ですか？

その前に5文字を付けるだけで、何となく素晴らしい俳句ができてしまうという、魔法のような言葉です。たとえば、「うぐいすや」という5文字を付けるだけで、「うぐいすや根岸の里の侘び住まい」というステキな俳句が、たちどころに完成してしまうのです。

では、〈根岸の里〉とはどんなところだったのでしょうか。そんな点にも注目しながら散歩を始めましょう！

スタート地点は、ＪＲ山手線〈鶯谷駅〉の南口です。しかも、朝7時までには着くように、この日ばかりは早起きしましょう。朝顔は早朝に咲いて、すぐにしぼんでしまう花だからです。

さて、根岸の里はこの鶯谷の駅の周辺にあります。〈鶯谷〉とは鶯が鳴いている谷という意味なので、位置的には〈谷〉にあります。線路を挟んだ反対側は〈山〉になっています。この山には現在〈上野公園〉がありますが、江戸時代には〈寛永寺〉というお寺の敷地が広がっていました。実は、谷にある根岸の里も、この寛永寺と深く関わっていたのです。
寛永寺は、徳川幕府直属と言うべき権威のあるお寺だったので、最高位のお坊さんには、天皇の皇子、つまり〈宮様《みやさま》〉が就任することになっていまし

た。その宮様の別邸が〈根岸の里〉にあったのです。なお、この別邸は〈御隠殿《ごいんでん》〉と呼ばれていました。
今でこそ根岸の里は、人家のひしめく、いわゆる下町となっていますが、江戸時代には、それこそ鶯の声が聞こえる、のどかで風光明媚な田園地帯でした。古地図の「根岸・谷中／日暮里豊島辺図」を見ても、〈東叡山御山内〉と書かれた寛永寺から、川（荒川）に至るまでの一帯が、〈田地〉と書かれた緑色になっているのが確認できるでしょう。

〈朝顔市〉へ

さて、〈山〉の上の駅を出たら〈谷〉へ下って、根岸の里に行きましょう。するとそこではもう〈朝顔市〉が行われています。7月7日の七夕を中心に、前後3日間のみ開催される縁日で、初日の6日の早朝になると、鶯谷駅から〈入谷の鬼子母神〉までの歩道に、突如として朝顔の露店商がビッシリと並びます。

水色やピンクなど色とりどりの大輪の花を咲かせた朝顔の鉢の前には、半纏《はんてん》を来たお店の人がいて、その人たちの威勢のよい売り声や、売れた時の手締めの音などが、ここかしこから聞こえてきます。こんなに江戸情緒が満喫できる年中行事は、今では珍しいのではないでしょうか。

朝顔市は、「恐れ入りや（入谷）の鬼子母神」という文句でもお馴染みの〈入谷鬼子母神〉の縁日のようなものですので、お参りも欠かせません。朝顔市の時だけ、朝顔の形をした大小のお札が販売され、購入するとその場で、火打石で「カ

チカチ」と清めてくれます。
鬼子母神前の広い通り〈言問通り〉も、朝顔市の時は夕方から通行止めになり、代わりに飲食や雑貨などを扱う露店商が軒を連ねます。車を気にせずに、露店で買い物や買い食いを楽しむといった、これまた昔ながらの縁日の醍醐味が味わえます。
これらの露店は、朝顔市が終わる7月8日の深夜から、翌7月9日の早朝までのわずかな時間に、隣接する浅草寺に移動しなければならないそうです。9日と10日には浅草寺で〈ほおずき市〉が行われるからです。

根岸の里を満喫する

では次に、朝顔市からほど近い気になるスポットに立ち寄ってみたいと思います。
露店の並ぶ〈言問通り〉から、〈根岸一丁目交差点〉で〈入谷口通り〉を北へ曲

がります。最初の〈根岸3丁目交差点〉を右折するとすぐに、雰囲気のある神社が現れます。小野篁《おののたかむら》公と菅原道真公を祀る〈小野照崎神社〉です。町の中とは思えない鬱蒼《うつそう》とした木々が、根岸の田畑ばかりの里に、鎮守の森のようにデンと構えていたのだろうなと思わせる異様な存在感を醸し出しています。
幕末に建造された本殿も立派で、森にもマッチしていますが、その左隣にはなんと富士山もあるのです。天明2年（1782）に本物の溶岩で創られた富士塚です。6月30日と7月1日の山

開きの2日間だけ登ることができるのですが、山容といい、一合目二合目と登っていく登山ルートといい、かなり本格的かつ神秘的です。

では、老舗のあるエリアに行きましょう。
鶯谷駅の南口ではなく北口を出ると、5分足らずで目的地の老舗に着くのですが、私たちは根岸の里を満喫しながら向かいましょう。もと来た〈入谷口通り〉は、〈根岸3丁目交差点〉から〈金杉通り〉に変わりますが、この通りを進み、〈根岸柳通り交差点〉

を左折します。通りの名称からも想像できるかもしれませんが、ここは根岸の花柳界があったところです。なんとなくですが、細い道に柳が植わっていて〈粋〉な風情を感じつつ、ひたすら直進しましょう。〈尾竹橋通り〉を横断し、さらに進んだ先で突き当たる〈竹台高校前交差点〉で〈尾久橋通り〉を渡ります。

そこはラブホテル街なのですが、先ほどの信号を渡ってまっすぐ道なりに進むと、すぐにそこだけ歴史をパッケージしたような一角に到着します。そこには〈子規庵〉と〈書道博物館〉、そして老舗の〈笹乃雪〉があるのです。


子規庵は、正岡子規の旧居跡です。決して広くはない、ごく普通の木造家屋ですが、当時のままの姿で残っています。晩年、病に伏した子規は、病床から部屋の前の庭を見て俳句を詠んでいたそうですが、その庭も残っています。

書道博物館は、子規庵の目の前にあります。書家で画家でもある中村不折《ふせつ》が創った博物館がもとになっていて、今は台東区が管理しています。不折は、夏目漱石の小説『吾輩は猫である』の挿絵を描いたことでも知られています。

〈笹乃雪〉の始まり

さあ、お待ちかねの、子規庵の隣にある老舗〈笹乃雪〉に入りましょう。

東京は、京都と比較すると歴史が非常に浅いですが、そんな中でも笹乃雪は1、2を争う古い老舗です。創業は、元禄時代（1688－1704）。江戸時代の前期です。名物はお豆腐。つまり豆腐料理のお店です。お店では、先代の9代目から〈豆腐〉という表記を〈豆富〉に変えたそうですが、ここでは一般的な豆腐の字を使いたいと思います。

ところで、どんなお店でも、利益という点では繁華街に店を構えた方が儲かるのではないでしょうか。ではなぜ笹乃雪は、のどかな根岸の里に開店したのでしょうか。これも、先ほどの〈宮様〉と関係があるのです。

初代は玉屋忠兵衛という、京都の修学院離宮に出入りしていた豆腐職人だった

そうです。それがある日、寛永寺のお坊さんに就任することが決まった宮様に付き従って、江戸に下ってきました。
そして、この頃の江戸はまだ新興都市で、文化も未熟だったので、宮様に美味しい豆腐を食べていただくために、御隠殿近くの根岸の里にお店を構えたのです。
ちょうどこの辺りは、地下水の水質もよかったので、職人の技量とも相まって、なめらかなお豆腐を作ることができました。笹乃雪は、江戸にはなかった〈絹ごし豆腐〉を、最初に作っ

て提供したお店とも言われています。
もちろんお豆腐は、宮様に献上されました。実はこの時、ある名物料理が誕生しました。それは〈あんかけ豆腐〉です。笹乃雪では今でも、1つのあんかけ豆腐が入った1つの小鉢が、2鉢セットで提供されるのですが、それには次のような理由がありました。
なんでも、先ほどの宮様が、このお豆腐を召し上がった時に、「おいしいので、次からは2つずつ持ってくるように」と仰せになったため、以来2鉢で1セットにしたということです。
また、お店の屋号〈笹乃雪〉も、こ

の宮様のお言葉がきっかけで付けられたと言われています。お豆腐をご覧になった宮様が、「笹の上に積もった雪のように美しい」とおっしゃったのが発端のようです。

店舗はここから目と鼻の先にありましたが、新築移転のために令和2年（２０２０）に休業し、令和6年の夏に再開しました。

メニューは1番人気だった1種類のコースに絞りましたが、長年の定番はすべて入っているほか、季節ごとに変わった料理もいただけるようになるなど、ラインナップと味がますます充実しました。

そしてなんと、現在でも笹乃雪の豆腐は、昔ながらの製法で作られています。特徴は、しっかりとした味わい、そして〈コシ〉のようなものがありながら、舌触りが非常に滑らかなことです。

東京には、江戸時代よりも減ったとはいえ、まだ多くの年中行事が残っています。そんな行事に合わせて老舗を訪ねてみると、〈朝顔市〉と〈笹乃雪〉の例のような、今まで気づかなかった〈粋な体験〉もできるかもしれませんよ。

本文中で食べたメニュー
昼のコース　¥5,000

（前菜　冷奴　あんかけ豆富　湯葉の豆乳蒸し　湯葉の炊き合わせ　季節の揚げ物　季節の逸品　季節の炊き込みご飯　デザート）

昼夜共1コースのみ（予約制）

【笹乃雪】
東京都台東区根岸2-5-12
電話03-3873-1145
［営業時間］
11:30～20:30（L.O.19:00）
［定休日］
月曜（祝日は営業、翌日休）

葉月

8月

浅草通りの今、昔

東京の二大観光地と言うべき〈上野〉と〈浅草〉。でも、実はとても近い距離にあるのをご存知ですか。もし知っていても、歩いたことのある方は、ほとんどいないのではないでしょうか。今月は、そんな上野と浅草の間を散歩します。ルートはいろいろありますが、地下鉄銀座線の線路に沿って、その地上を歩きます。浅草に着いたら、夏の定番料理を、老舗らしい趣のある木造の建物で食べて、散歩と夏の疲れを一気に払いましょう。

どぜう飯田屋（台東区西浅草　明治36年創業）

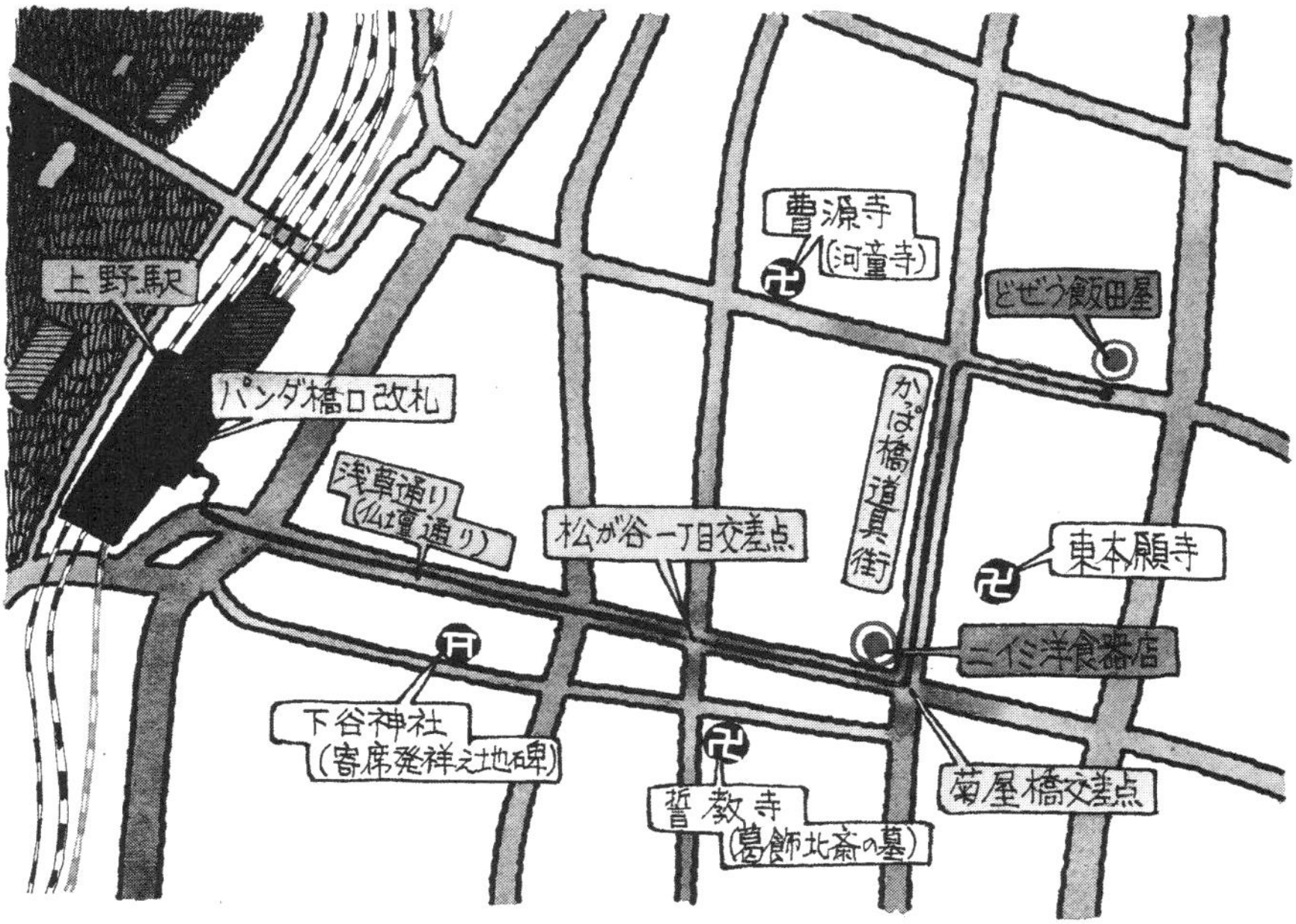
上野駅
パンダ橋口改札
浅草通り
(仏壇通り)
松が谷一丁目交差点
曹源寺
(河童寺)
どぜう飯田屋
かっぱ橋道具街
東本願寺
ニイミ洋食器店
下谷神社
(寄席発祥之地碑)
誓教寺
(葛飾北斎の墓)
菊屋橋交差点

江戸の大火によって生まれた寺町

上野駅の改札口の1つに〈パンダ橋口改札〉というのがあります。正式には〈入谷改札〉と言いますが、愛称の方がよく知られています。〈パンダ橋〉とは、上野公園と浅草・御徒町エリアとをつなぐ大きな橋のことです。

この改札を出て、パンダ橋を浅草方面に渡り、地上に降り立つと、〈浅草通り〉という広い通りに出ます。通称は〈仏壇通り〉。仏壇屋や仏具屋などが、浅草まで途切れることなく軒を連ねているからです。

仏壇屋さんには、大小さまざまな仏壇が展示されています。仏壇は、外側は黒漆、内側は金箔が貼られていて、それだけでもピカピカと光輝いて美しいのですが、お盆のシーズンになると、涼しげな絵が描かれた多数の盆提灯が、吊されたり置かれたりするので、さらに目が惹きつけられます。

現在のお店の数は、およそ50軒です。日本一の仏壇問屋街とも言われています。

でも、どうして仏壇通りができたのでしょうか。

きっかけは、江戸初期の〈明暦の大火〉にまでさかのぼります。徳川幕府は、大火で焼き尽くされた江戸の町を復興するときに、町を大改造しました。

その際、この辺りが〈寺町〉にされたのです。つまり、上野の寛永寺と浅草の浅草寺に挟まれたこのエリアに、江戸中から寺院が集められたのです。それに伴って、お寺の必需品である仏壇や仏具の店も集まってきて、仏壇通りが形成されたようです。

明暦の大火後に移転してきた寺院のうち、最も有名なのは〈東本願寺〉でしょう。正式には、浄土真宗東本願寺派本山東本願寺と言い、東京の浄土真宗東本願寺派の本山です。現在の寺域は4250坪ですが、神田から移転してきた当時は1万5000坪もあったそうです。

浮世絵師たちの墓

東本願寺に限らず、この寺町には大寺院がたくさんありましたが、明治時代に都心から郊外へと強制的に移転させられました。また、わずかに残った寺院も、その後の道路拡張や区画整備などのあおりをうけて、縮小を余儀なくされました。

このように変化の激しい寺町ではありますが、ここにもそこはかとなく江戸の雰囲気がただよっています。仏壇通りの〈松が谷1丁目〉という交差点に行ってみましょう。この辺りは、葛飾北斎、喜多川歌麿、歌川広重などの有名な浮世絵師のお墓が集中していたエリアでした。

ただし、喜多川歌麿の墓がある〈専光寺〉と歌川広重の墓がある〈東岳寺〉は、それぞれ世田谷区と足立区に移転してしまったので、現在残っているのは、葛飾北斎の墓がある〈誓教寺〉だけです。

その誓教寺は、交差点を右折した、左側の2軒目くらいにあります。境内はかなり縮小されたようですが、正面に本堂があり、右手が墓地になっています。北斎の墓は墓地の入口付近の銅板の屋根が付いた木製の小さな祠の中にあります。

墓石には「画狂老人卍墓」と彫られています。〈画狂老人〉も〈卍〉も北斎の画号です。右側面には、読みにくいですが、辞世「ひと魂でゆく気散じや夏の原」が刻まれています。本堂の前には北斎の胸像やゆかりの碑もあります。北斎は90歳で亡くなるまでの間に、93回も引っ越しをしたと言われています。ゆかりの地をすべて回るのは難しいかもしれませんが、間をはしょって、誓教寺のお墓と、生誕地に開館した〈すみだ北斎美術館〉（墨田区亀沢）だけならば簡単に行けそうですね。

奈良時代に創建された稲荷社

ではいよいよ、仏壇通りの最大のランドマーク〈下谷神社〉に行きましょう。明治時代に神仏分離令が出される前までは、〈下谷稲荷社〉と呼ばれていました。この辺りの地名〈稲荷町〉も、東京メトロ銀座線の〈稲荷町駅〉も、すべてこの神社に由来します。また、奈良時代に創建された、都内で最も古いお稲荷さんでもあります。

はじめは上野の山、つまり現在の上野公園にありましたが、江戸時代に寛永寺が創られたため、仏壇通りに移転しました。現在も、上野駅のすぐ近くの、仏壇通りの右手にあります。通りに面した大きな赤鳥居が目印です。黒地に金色で「下谷神社」と書かれた鳥居の扁額は、東郷平八郎が書いたものです。

この赤鳥居をくぐると石鳥居があり、その先に社殿があります。関東大震災のときに焼失しましたが、東京大空襲では奇跡的に焼け残りました。そのためでしょうか、街中にありながら、木々が鬱蒼としていて、現代とは思えない古めかしい趣があります。それかあらぬか、下町で一番早い夏祭りが、神田明神とここ下谷神社で行われ、祭り好きの江戸っ子の血を騒がせています。

これらのお祭りを皮切りに、浅草の三社祭や千貫《せんがん》神輿で有名な鳥越神社のお祭り、赤坂は日枝神社の山王祭など、5月から6月にかけて毎週のようにお祭りがあるという、〈お江戸夏祭りシーズン〉が訪れます。
この神社でもう1つ覚えておきたいのは、落語の常設小屋（今で言うライブハウス）である〈寄席〉の発祥地であることです。社殿の手前に、〈寄席発祥之地〉と書かれた碑と、寄席を詠んだ正岡子規の句碑が建っています。

寄席はねて上野の鐘の夜長哉

寄席の発祥には諸説ありますが、関根黙庵の『講談落語今昔譚』には、寛政10年（1798）に三笑亭可楽が、下谷神社の境内で寄席興行を始めたと書かれています。

また、特徴ではないかもしれませんが、社殿の天井には、画家の横山大観が手がけた雲龍図が描かれています。このデザインは、絵馬や御朱印帳の表紙にされているので、画伯の絵を身近に眺めることもできます。

かっぱ橋道具街を歩く

下谷神社を出て、仏壇通りを浅草方面に進みましょう。先ほどの〈松が谷1丁目〉の交差点を越えると、〈菊屋橋〉の交差点に出ます。その角に建つ〈ニイミ洋食器店〉のビルの屋上にある、巨大な顔だけのコック像、通称〈ジャンボコック〉を目印にして左折すると、〈かっぱ橋道具街〉になります。

ここは仏壇通りとは打って変わって、〈食〉に関する問屋街です。そのため揃わないものはないほどの、さまざまな道具が売られています。テーブルウェアはもちろん、大型調理機械から、食品用の包装関連商品、レジスターやユニフォーム、看板、提灯、メニューといった専門店に、本物そっくりの食品サンプルのお店まであり、見ているだけで飽きません。

古地図を見ると、江戸時代にはこの通りに〈新堀川〉が流れていたことが分かります。先ほどの交差点の名称〈菊屋橋〉は、川に架かっていた橋の名前だったのです。もちろん〈かっぱ橋〉も、橋の名前に由来します。ただし、なぜ〈かっぱ〉なのかについては、2つの説があります。1つは、近くにたくさん雨具の合羽屋《かっぱ》があったから、もう1つは、妖怪の河童にちなむ、というものです。

その河童のお話を簡単にまとめてみましょう。江戸後期の文化年間(1804－17)の頃でした。合羽屋の喜八、通称合羽川太郎が、水はけの悪いこの地に新たな堀をつくろうと私財を投じましたが、なかなか上手くいきません。そこへ河童が現れて手伝ってくれ、無事に完成させることができました。


今でもかっぱ橋道具街には、〈河童伝説〉が息づいています。喜八は没後、近くの菩提寺〈曹源寺〉に葬られました。なお、ここも明暦の大火で移転してきたお寺です。

その後、曹源寺は、喜八と河童の功績をたたえて〈河童寺〉と呼ばれるようになりました。なんと寺宝には〈河童の手のミイラ〉もあります。河童への信仰が今も変わらずに寄せられているのですね。

東京っ子の夏の味

かっぱ橋道具街の〈合羽橋〉の交差点に、直行する通りがあります。これを〈かっぱ橋本通り〉と言います。上野と浅草を結ぶ最も古い幹線道で、寛永寺の宮様の御成道でもあったと言われていますが、その後〈言問通り〉や〈仏壇通り〉などの広い道路ができたので、今ではメインストリートではなく商店街として賑わっています。

この道を浅草方面に曲がって少し行くと、左側に木造のどっしりとした構えの老舗が見えます。ここが目的地の

〈どぜう飯田屋〉です。「どぜう」とは「どじょう」のことです。どじょう専門店としては明治36年からですが、飯処としては慶応年間（1865－68）の創業です。4代目と5代目が伝統を守っています。

豊臣秀吉が食べていたとも言われるどじょうですが、鰻と人気を二分するほど人気を得たのは、江戸のグルメガイド『江戸名物酒飯手引草』によれば、幕末頃からのようです。また、夏負けによいとされていたので、特に夏によく食べられていました。今でも夏のスタミナ食として東京っ子に人気があります。

飯田屋のどじょうには、〈マル〉と〈ヌキ〉があります。マルはそのままのどじょう、ヌキは割いたどじょうのことです。初心者は、どちらも楽しめるミックス鍋を注文するとよいでしょう。

平たい鉄鍋に並べられたどじょうの上に、長方形の深い木箱に入ったみじん切りの長ネギを、「これでもか」とこんもり乗せて、グツグツと煮えてきたらいただきます。飯田屋のどじょうは、くさみが全くなく、あっさりと上品な味わいです。老舗ならではの仕入れと下ごしらえによるのでしょう。

どじょうは、カルシウムとコラーゲンがたっぷりの、美味で健康にもよい料理です。いかにも老舗らしい、清潔感あふれる藤敷の入れ込みの店内がまた、何とも言えず落ち着けて、食欲もそそられます。食べず嫌いの方もいらっしゃるかもしれませんが、だまされたと思ってぜひお試しください。

本文中で食べたメニュー
どぜう鍋　¥2,200

【どぜう飯田屋】
東京都台東区西浅草 3-3-2
電話 03-3843-0881
[営業時間]
昼 11:30〜14:30（L.O.14:00）
夜 17:00〜20:30（L.O.20:00）
[定休日]
水曜・年末年始

長月

9月

雪月花の寺へ

地球温暖化のせいでしょうか、近頃は9月になっても、なかなか暑さがおさまりませんね。そこで、秋の訪れを感じさせる年中行事の力を借りて、季節感を取り戻しましょう。その行事とは〈お月見〉です。旧暦の8月は、今の暦では9月か10月になりますので、季節の上では秋です。お月見とは、その8月15日の満月を愛でる行事です。今月は、月を感じながら〈谷中〉〈日暮里〉を散策し、最後は〈月見団子〉にちなんで、老舗のお団子屋さんで休憩しましょう。

羽二重団子本店（荒川区東日暮里　文政2年創業）

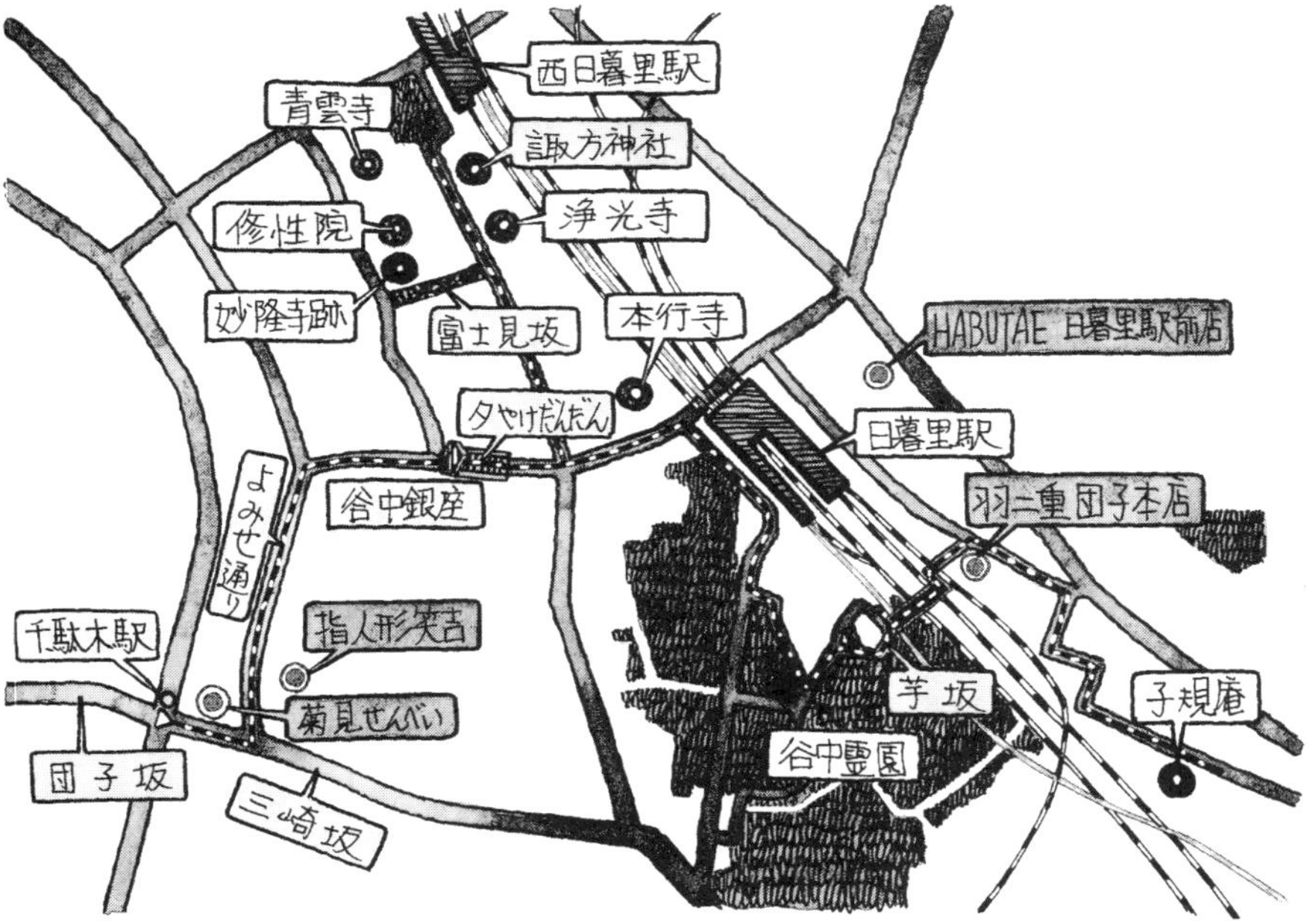
西日暮里駅
青雲寺
諏方神社
浄光寺
修性院
妙隆寺跡
富士見坂
本行寺
HABUTAE 日暮里駅前店
夕やけだんだん
日暮里駅
よみせ通り
谷中銀座
羽二重団子本店
千駄木駅
指人形笑吉
菊見せんべい
芋坂
子規庵
谷中霊園
団子坂
三崎坂

谷中に流れていた川

散歩の始まりは、東京メトロ千代田線の〈千駄木駅〉から。ここは、谷中・根津・千駄木を合わせて〈谷根千〉と呼ばれる、下町情緒が味わえる人気のエリアです。まずは、定番のスポット〈谷中銀座〉に向かいましょう。

駅を出て、〈団子坂〉とは反対の〈三崎《さんさき》坂〉方面に進み、〈菊見せんべい〉という、創業明治8年(1875)の老舗のお煎餅屋さんが見えたら、その角を左折しましょう。

この道は、知る人ぞ知る〈よみせ通り〉という商店街で、途中を右折すると谷中銀座になります。どことなく道が曲がっているのは、大正9年(1920)に暗渠になるまで〈藍染川〉が流れていたからです。

下町ブームも手伝って、昔ながらのお店に加え、パン屋さんやカフェなどの新しいお店も増えています。珍しいものでは、〈指人形笑吉〉というお店もあります。

指人形のお店兼劇場で、指人形劇や、指人形が描く似顔絵などのパフォーマンスが、気軽に楽しめます。

よみせ通りを少し進むと、右手に谷中銀座の入口が現れます。狭い道の左右に、小ぶりのお店が軒を連ねているので、パッと見ただけではどんなお店があるのか分かりません。このゴチャゴチャした感じに、入る前から好奇心がくすぐられてしまいます。

すぐにでも商店街に入っていきたくなるところですが、ちょっと待って！　野良猫のオブジェが目に入りましたか？　谷中は猫の街と呼ばれています。最近は実際の野良猫は保護されて減っていますが、さまざまなかっこうをしたカワイイ猫のオブジェにはいろいろな所で出会えるので、散歩の疲れを癒やしてくれるでしょう。

さて、いよいよ谷中銀座に入っていきます。魚屋さんや八百屋さんなどの食料品店から、洋服屋さんやお茶屋さんまで、色々な種類のお店があって、見ているだけで飽きません。しかも、いか焼きや抹茶アイスなど、その場で食べられる、いわゆる買い食いできるものも売っています。

谷中銀座を進んでいくと、ゆるやかな階段に突き当たります。ここが、テレビのロケでもよく使われる〈夕やけだんだん〉です。人気の秘密は、階段をのぼると、上半分に空、下半分に谷中銀座が見えるのですが、その光景がどことなく昭和レトロなのと、本物の野良猫に会えることです。

江戸時代から続く行楽地・日暮里

〈夕やけだんだん〉をのぼれば、そこは〈諏訪台地〉の頂上です。まっすぐ進むと〈日暮里駅〉があり、そこから先はまた下り坂、いわゆる〈谷〉になっています。つまり頂上は、〈尾根〉のような感じで、横に長く、幅は狭くなっているのです。

〈諏訪台通り〉と呼ばれる、尾根づたいに左にのびる細い道を入ると、台地の端に突き当たります。ここに、この辺りの総鎮守〈諏方神社《すわじんじゃ》〉があります。元久2年（1205）に信州の諏訪神社から勧請されたと伝わります。ただし、ここの神社は、「諏訪」ではなく「諏方」と書くので、ご注意ください。

諏訪台地は、江戸時代から風光明媚な行楽地として人気がありました。駅名にもなっている〈日暮里〉という町名も、江戸時代以来、日が暮れるのも忘れるほど、四季折々の美しい景色が楽しめる行楽地であったことに由来します。

諏訪台通りは〈尾根〉ですので、道の片側は〈崖〉になっています。途中には、ごく最近まで富士山が見えた、〈富士見坂〉と呼ばれる坂もあります。

その坂付近の崖側は、花の名所として名高い場所でした。そこには、〈修性院〉をはじめ〈青雲寺〉や、明治以降廃寺となった〈妙隆寺〉などのお寺があり、それぞれの境内の庭園に、桜やツツジなどのたくさんの花が植えられていたのです。そのため、これらのお寺は〈花見寺〉と呼ばれていました。

ところで、〈花〉といえば、〈雪月花〉という言葉がありますね。四季の自然美を総称する言葉ですが、実は、ここには〈雪見寺〉〈月見寺〉〈花見寺〉がすべて揃っているのです。いかに風光明媚な場所だったかが分かりますね。

月見寺と俳人たち

〈雪見寺〉は、諏方神社の隣にあります。正式には浄光寺と言います。高台にあるこのお寺からは、境内はもちろん、眼下に広がる田畠の雪景色も楽しめたのではないかと思います。

〈月見寺〉は本行寺といい、日暮里駅の近くにあります。境内の碑によると、月見以外にもちょっと知られたお寺だったようです。

それは〈俳句〉です。江戸後期に住職をしていた日桓上人《にちかん》は、〈一瓢〉という俳号を持つ俳人でもあり、有名な俳人〈小林一茶〉とも親交があったそうです。境内にある一茶の句碑にも、

陽炎や道灌どのの物見塚

と刻まれています。

また、〈種田山頭火〉とも縁があったそうです。山頭火は、出家して全国を放浪して回った近代の俳人で、自由律の俳句を詠んだことで有名です。その山頭火の句碑もあり、そこには、

ほっと月がある　東京に来てゐる

と刻まれています。
もう1つ、このお寺には名物があります。それは、先ほどの一茶の句に「道

灌どのの物見塚」とあった、その〈物見塚〉です。
本行寺は、徳川家康より前の江戸城主〈太田道灌〉ゆかりのお寺で、道灌が築いた〈物見塚〉、つまり斥候台（見張台）があったと伝わります。ただし今では、寛延3年（1750）に塚の横に建てられた、〈道灌丘之碑〉と呼ばれる石碑だけが残っています。

お月見スポットめぐり

では、〈月〉にまつわる周辺スポットに向かいましょう。

日本のお月見に欠かせないのはお団子屋さんです。後ほど紹介する老舗の〈羽二重団子〉の本店も、月にゆかりの深い歴史のある散歩コース上にあります。

本行寺の道を隔てた反対側には、〈谷中の墓地〉が広がっています。その墓地に入って、墓地の中にある〈天王寺〉に向かいましょう。そして、そのお寺の門に向かって右手の、墓地に沿った道を進んでください。

すぐに突き当たりますので、今度はそこを左折しましょう。すると〈芋坂〉という坂に着きます。今は鉄道橋になっているので、そこを渡ってください。渡りきったら、道なりに進めば、〈羽二重団子本店〉にたどりつきます。

芋（里芋）もお団子も、お月見のときにお供えされる、月に縁のあるものです。8月、十五夜の中秋の名月のことを「芋名月」と呼ぶのもそのためです。

この〈芋坂〉と〈団子〉の取り合わせも昔から有名で、夏目漱石の小説『吾輩は猫である』には、「芋坂に行って団子を食いましょうか」と書かれていますし、子規は「芋坂も団子も月のゆかりかな」という句を詠んでいます。

では、羽二重団子の前の道を〈鶯谷〉方面に進み、正岡子規の旧居〈子規庵〉に行きましょう。この道はかつて石神井川の支流の〈音無川〉という川でしたが、明治16年（1883）に鉄道工事にともなって埋め立てられました。

子規はこの家で、明治27年（1894）から母と妹といっしょに暮らし始め、明治35年（1902）に、結核に端を発する脊椎カリエスによって、34歳という若さで亡くなりました。

その絶筆3句には、すべて〈へちま〉が詠まれています。なぜならその水は、痰切薬だったからです。参考までに一句あげておきましょう。

をとゝひのへちまの水も取らざりき

実は、この痰切りに欠かせなかった〈へちま〉も、〈月〉と関係があります。根岸の里にある子規庵からほど近い上野桜木町に〈浄名院〉というお寺があり、こ

こでは毎年、旧暦の8月15日にあたる中秋の名月の日に、痰の病を封じ込めるための〈へちま加持〉が行われているのです。今でもぜんそくや気管支炎でお悩みの方が大勢訪れ、たいへん賑わっています。

江戸で評判となったお団子

そもそもお月見とは何なのでしょうか。それは、1年で最も美しいとされる旧暦8月の15夜の満月を祀り愛でる風習です。中国を起源とし、日本には平安時代頃に渡ってきたそうです。

この日の月を〈中秋の名月〉とも言います。〈中秋〉とは、秋の真ん中に当たる8月の異称です。本場の中国や台湾などでは、この日を〈中秋節〉と言って、三大節(三大年中行事)の1つとし、今なお盛大に祝われています。

さて、中国のお供えものの定番は、月をかたどった〈月餅〉ですが、日本では〈お団子〉ですね。では、いよいよお団子を食べに行きたいと思います。
〈羽二重団子〉は、創業文政2年(1819)の老舗のお団子屋さんです。創業者の初代・庄五郎が、〈藤の木茶屋〉を営んだのに始まり、そこで提供したお団子が、羽二重のようにきめが細かくおいしいと評判になり、いつしかそれが屋号になったそうです。

名物のお団子は、令和元年（２０１９）にリニューアルオープンした本店と、日暮里駅前に平成15年（２００３）に開店したモダンな和風カフェ〈ＨＡＢＵＴＡＥ１８１９〉で食べられます。

お団子には、生醤油を付けて焼いた〈焼団子〉と、こしあんを付けた〈餡団子〉の２種類があります。独特の舌触りのお団子に、甘すぎず、辛すぎない味付けがほどこされていて、素朴なのに洗練された上品な味わいです。

最近、新メニューも登場しました。カフェでは、伝統のお団子に季節のフルーツを合わせたデザートや、本店では、かわいい猫型の〈漱石もなか〉もいただけます。

今月は、〈下町情緒あふれる町〉としてメディアで紹介されることの多い、谷中・

日暮里周辺を、〈お月見〉という視点で散歩しました。近年お月見は、西洋由来の年中行事に押され気味ですが、たまにはゆったりと月をながめてみてはいかがでしょうか。

本文中で食べたメニュー
羽二重だんごセット　￥660
（あん・焼き 各1本　煎茶つき）

【羽二重団子　本店】
東京都荒川区東日暮里
5-54-3
電話 03-3891-2924
［営業時間］
〈平日〉
9:30～16:30（L.O.16:15）
〈土・日・祝日〉
10:00～16:30（L.O.16:15）
［定休日］
年中無休

神無月

10月

東京最古の駄菓子屋を訪ねて

高層ビルが林立した無機質なイメージの東京にも、懐かしい風景がまだ少し残っています。今月は、そんなレトロなスポットを散歩したいと思います。場所は〈雑司が谷〉です。２０１４年に日本ユネスコ協会連盟の〈プロジェクト未来遺産〉にも登録された地域です。１００年後の子どもたちに伝えたい地域として選定されました。今回は鬼子母神の境内に店を構える駄菓子屋さんを訪れます。なんと江戸中期からあるそうです。駄菓子ではお腹いっぱいにはなりませんが、懐かしい光景が心をいっぱいにしてくれるでしょう。

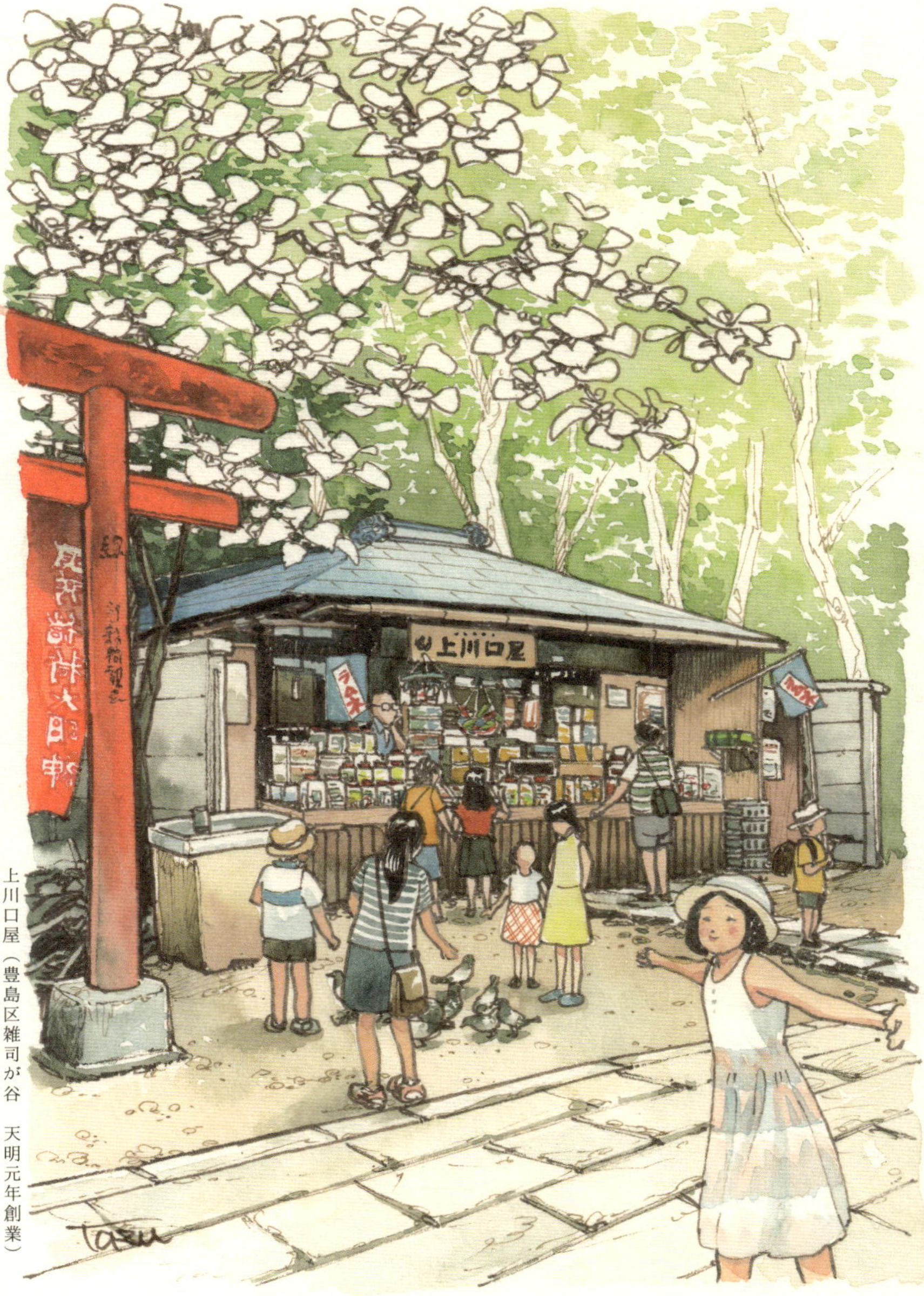

上川口屋（豊島区雑司が谷　天明元年創業）

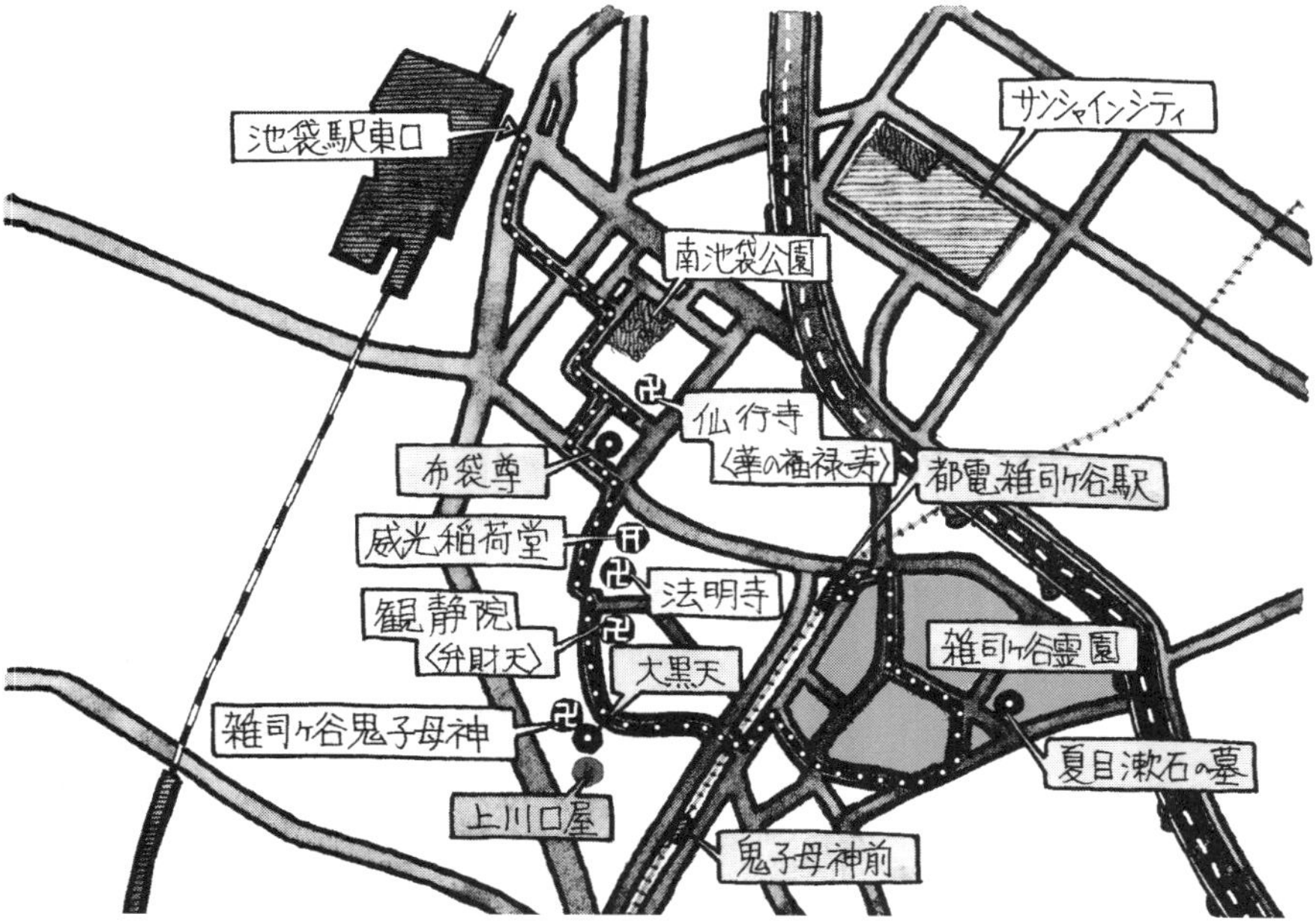
池袋駅東口
サンシャインシティ
南池袋公園
仏行寺
〈華の福禄寿〉
布袋尊
都電雑司ヶ谷駅
威光稲荷堂
法明寺
観静院
〈弁財天〉
雑司ヶ谷霊園
大黒天
雑司ヶ谷鬼子母神
夏目漱石の墓
上川口屋
鬼子母神前

タイムトンネルの小道

今月の散歩の出発地点は〈池袋駅〉です。でもこの駅は、ＪＲをはじめ私鉄や地下鉄など何本もの電車が乗り入れている大きなターミナル駅なので、スタート地点をもう少し絞っておきたいと思います。

駅のメインの出入口は、線路をはさんで東西にあります。東口には〈西武百貨店〉、西口には〈東武百貨店〉が建っているので目印にしてください。

このうち今回の出発点は〈東口〉です。こちら側には、西武百貨店のほか、60階建ての超高層ビルとして知られる〈サンシャインシティ〉や、最新のランドマーク〈あうるすぽっと〉（豊島区立舞台芸術交流センター）などがあります。

さっそく東口の西武百貨店あたりの出入口を出て真っ直ぐ進みましょう。すると広々とした芝生が美しい〈南池袋公園〉に出ます。

この公園に突き当たったら右折し、最初の道を左折すると、ちょっとした〈寺町〉に出ます。このあたりから、だんだんと懐かしい光景になっていきます。

また、はからずも散歩中に、お正月の風物詩〈七福神めぐり〉もできてしまいます。平成23年（２０１１）の初詣でお披露目された、〈雑司が谷七福神〉と呼ばれる新しい七福神のうち、五福神が散歩コース上にいらっしゃるからです。

最初に会えるのは、先ほどの寺町にある〈仙行寺〉に祀られている〈華の福禄寿〉です。続いて、〈寺町〉の通りを少し戻って左折し、〈東通り〉という商店街に出ると、ビルの一画に祀られた〈布袋さま〉にお目にかかれます。

その通りを隔てた斜め前には、〈老眼めがね博物館〉と書かれた、かなり気になるお店がありました。外壁という外壁や、店内の壁から天上まで、あらゆる壁面に隙間なく、さまざまな眼鏡のフレームが貼られていたのです。

もともとメガネの卸問屋だったようで、値段にも驚かされます。老眼鏡は48円から、サングラスは29円からあり、種類も豊富だったのですが、令和４年（２０２２）から閉鎖されています。

では、通りを先に少し進みましょう。すると、右側に小道が現れます。1メートルあるかないかの細い道で、片側は背丈ほどある墓地の塀になっているので、外界から遮断された感じです。長さも長く、また、ゆるいカーブと坂になっていて先が見えないので、どこに出るか分からないタイムトンネルを歩いている気持ちになります。そしてこの道は、期待を裏切らず、私たちを現代とは思えない光景へといざなってくれます。

広く信仰を集めてきた子育ての神様

小道の半ばまで行くと、左側に〈威光稲荷堂〉の入口が現れます。間口は狭く、奥が深い神社で、木々に覆われた赤い鳥居をいくつもくぐらなければ祠に到達しません。

祀られているのは〈威光稲荷尊天〉です。由緒には、平安時代の天台宗のお坊さん慈覚大師・円仁が、行脚中に雑司が谷の森で一条の光明を見つけ、たどり着いたところに出現された、強い光明を放つ稲荷尊天を安置したことに始まるとあります。

小道を抜けると、これまた昼でも暗いほどの木々に覆われた場所に出ます。それというのも、ここは、豊島区の最古のお寺〈威光山法明寺〉の広い境内の一部だからです。

その門前から本堂を伏し拝み、ふと振り返ると参道のような道があり、両脇に立派な桜の木が植わっています。その桜並木が終わるあたりの左側に、法明寺の塔頭の1つ〈平等山観静院〉があります。ここには、七福神めぐりでは三福神目になる〈弁財天〉が祀られています。


桜並木を出て道なりに進むと、すぐに〈雑司ヶ谷鬼子母神〉に着きます。その近さに驚かされるほどですが、それもそのはずで、鬼子母神は法明寺の一部、いわば飛地なのです。そのため正式には〈法明寺鬼子母神堂〉と言います。

創建は、天正6年（1578）と伝えられています。江戸時代から安産・子育ての神さまとして広く信仰されてきたこともあり、今では敷地は法明寺よりも広く、鬼子母神用のケヤキ並木の長い参道もあります。江戸時代にはここに何軒もの茶屋が並んでいたそうです。

境内には、〈雑司が谷の森〉がそのまま息づいているようで、江戸時代にタイムスリップした気分になります。高い木々がおいしげり、地面は土。本殿は寛文4年（1664）創建で、関東大震災や東京大空襲など幾多の火災を免れた、堂々とした建物です。平成28年（2016）に国の重要文化財に指定されました。

また、正門を入ったところには、目を見はるほど大きな銀杏の木があります。応永年間（1394－1428）に植えられたと伝わるので、ゆうに600年は経っています。触れると子どもを授かると信じられてきたので、〈子授け銀杏〉とも呼ばれているそうです。

この境内の真ん中に、今回紹介したい老舗の駄菓子屋があるのですが、それは後で触れたいと思います。

そもそも鬼子母神は、インドの夜叉神の娘で、結婚して1000人とも言われる子宝に恵まれましたが、人の子をとって食べるという暴虐な性格でした。そこでお釈迦さまが、鬼子母神の末っ子を隠したところ、ようやく子どもを奪われた母心が理解でき、以後、安産・子育ての神となったとされています。
ただし、雑司が谷の鬼子母神像は、鬼形ではなく、幼児を抱く菩薩形の美しく優しいお姿をしているので、鬼子母神の〈鬼〉の字ではなく、角のつかない〈鬼〉の字が用いられています。

雑司が谷に眠る文化人

鬼子母神を正門から出て、趣のあるケヤキ並木の参道を通り抜けると、都電の線路に突き当たります。でもその手前を左に曲がりましょう。そこに〈大鳥神社〉があり、七福神のうちの〈恵比寿神〉が祀られているからです。

大鳥神社は、明治時代の神仏分離令で分かれるまでは、鬼子母神の境内にありました。この時に祀られていた恵比寿神が行方不明になっていたので、雑司が谷七福神が創られた時に、新たにお祀りしたそうです。

先ほど、散歩しながら七福神ならぬ五福神めぐりができると言いましたが、まだ四福神にしか出会っていません。では、あとおひとりはどうしたのかと言えば、鬼子母神にいらっしゃったのです。境内の端に建物があり、その中に〈大黒天〉が祀られています。


では、都電の線路に戻って、それを越えてまっすぐ進みましょう。左側が台地になっていますので、ちょっと行ってから登ると、すぐ頂上に着きます。

そこはもう〈雑司ヶ谷霊園〉の墓地ですので、入っていきましょう。ここは江戸時代、3代将軍家光の時には〈御薬園〉があり、8代将軍吉宗の時には鷹狩りの〈御鷹部屋〉があった場所です。

明治時代の初期、7年（1874）に、東京都の前身・東京府の共同墓地になりました。都立の共同墓地としては歴史が古いので、著名人のお墓も少なくありません。

たとえば、作家の泉鏡花や永井荷風、画家の竹久夢二も眠っていますが、今回

は墓地の中央にある、〈夏目漱石のお墓〉にお参りしましょう。椅子の形をした漱石のお墓の横に、鏡子夫人のお墓があり、それらが背丈くらいの植木に囲まれています。

江戸時代から将軍が利用していた場所だけあって、墓地といっても公園のような歩きやすさがあります。墓地内の車の通るメインストリートを進んでいきましょう。

そうすると、とても小さな駅員もいないローカルな駅が出てきます。都電荒川線の〈都電雑司ヶ谷停留所〉です。散歩の帰りは、これまた懐かしい都電に乗りたいと思います。

かつて都内には、道路を走る路面電車がたくさん通っていましたが、残ったのは都電荒川線だけになりました。平成29年（2017）に〈東京さくらトラム〉という愛称が付けられたそうです。

三ノ輪橋と早稲田の間を走る都電沿線には見どころが多いので、都電の旅をす

るだけでも楽しいのですが、今回はJR山手線への乗り換えが最も便利な〈大塚駅前〉停留所を目指しましょう。
わずか2駅で目的地に着いてしまいますが、1両しかない電車に乗り、手の届きそうな近さの車窓をゆっくり眺めて楽しみましょう。

240年続く駄菓子屋

さて、最後に老舗を紹介します。今回の老舗は、雑司ヶ谷鬼子母神の境内にある駄菓子屋さん〈上川口屋〉です。境内の真ん中に、ただ1軒建つ、軒の

低い平屋のお店です。
創業はなんと天明元年（１７８１）。江戸時代の中期です。13代目のおかみさんにお話しをうかがうと、鬼子母神の本殿は、加賀藩主前田家の息女が寄進したもので、以来、前田家などが参詣するようになり、その折にここでお菓子を求めたということです。
江戸時代から有名で、江戸後期に出版されたガイドブック『江戸名所図会』に書かれているほか、川柳にも詠まれています。近年では、スタジオジブリの映画『おもひでぽろぽろ』にも、１９６０年代の駄菓子屋のモデルとして登場しました。

子どものための鬼子母神が祀られた境内で、子どもが大好きなお菓子が、約２４０年間も売られ続けているのですね。

子どもといえば、この辺りの郷土玩具も有名で、いまでも境内で売られています。それは、ススキの穂で作られたミミズク〈すすきみみずく〉です。目がクリクリして、とても素朴で愛らしいです。

上川口屋には、ところ狭しと色とりどりの駄菓子が並べられています。また、真鍮の蓋を持つ大きなガラス瓶や、桐で作られた底の浅い木箱など、１００年以上使われているお菓子入れも健在です。建物は明治時代の建造物です。

つい最近まで黒白の看板猫が、カラフルなお菓子の間で眠り猫のように店番をしていましたが、残念ながら亡くなってしまいました。大往生だったようです。名前は石松。森の石松にちなんで名づけられたそうです。

鬼子母神ではちょうど10月に〈御会式《おえしき》〉があります。日蓮上人の忌日に行われる法会のことですが、実際には〈万燈練供養〉といって、満開の桜に模した紙花で飾られた大きな法灯が、池袋から境内まで50基ほど練り歩く大々的なお祭りです。この機会にぜひ訪れてみてくださいね。

【上川口屋】
東京都豊島区雑司が谷
3-15-20　鬼子母神境内
［営業時間］
10:00～17:00
［定休日］
雨、雪、台風などの日

霜月

11月

江戸カルチャーの発信地・吉原

11月の年中行事といえば〈七五三〉が有名ですが、江戸時代に人気があったのは、十二支の〈酉〉の日に行われる〈酉の市〉でした。主に関東の鷲《おおとり》神社（大鳥神社と書くところもあります）で開かれるのですが、浅草の鷲神社で行われる市は最も盛大です。それというのも、お隣に日本一の盛り場〈吉原〉があったからです。そこで今月は、東京のディープスポット〈吉原〉と、それに関連した名所をめぐりながら、酉の市に向かいたいと思います。散歩の後は、やはり吉原ゆかりの老舗で桜鍋をいただきましょう。

桜なべ　中江（台東区日本堤　明治38年創業）

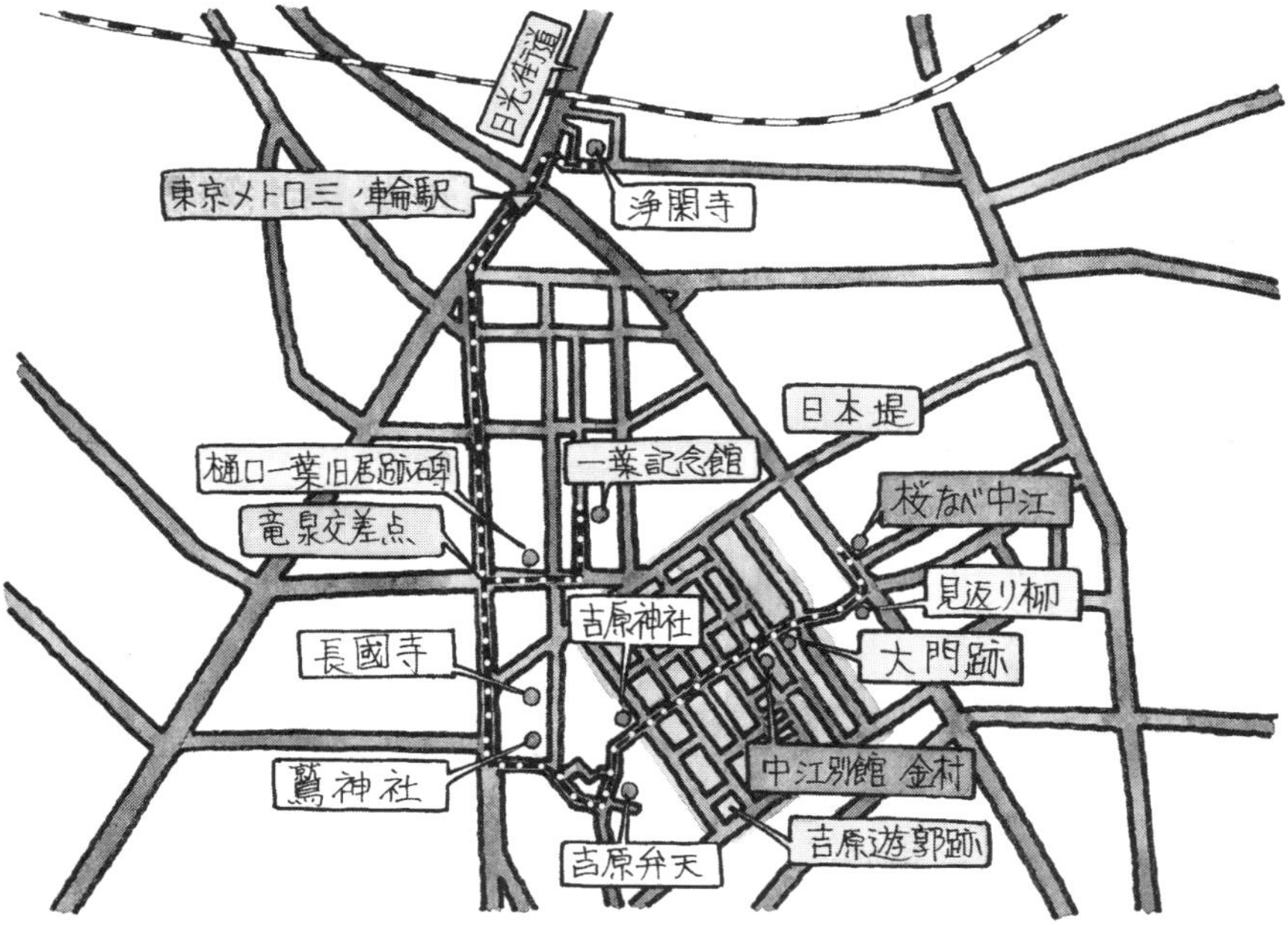
日光街道
東京メトロ三ノ輪駅
浄閑寺
日本堤
樋口一葉旧居跡碑
一葉記念館
竜泉交差点
桜なべ中江
見返り柳
吉原神社
大門跡
長國寺
中江別館 金村
鷲神社
吉原遊郭跡
吉原弁天

遊女たちが眠る浄閑寺

浅草というと浅草寺が思い浮かぶのではないでしょうか。でも、吉原があるのは、浅草は浅草でも、江戸時代には〈浅草田んぼ〉と呼ばれていた、浅草寺の裏手に広がるのどかな田園地帯でした。

今でも交通の便があまりよくありませんが、今回は、最短距離で、かつ、吉原ゆかりのスポットがたくさんある、おすすめルートを紹介したいと思います。

出発地は、東京メトロ日比谷線の〈三ノ輪駅〉です。ここは、かつての〈日光街道〉と〈日本堤〉が交わる、ちょっとした交通の要衝でした。日本堤とは隅田川方面に少し進めばすぐに吉原に着く道です。

三ノ輪駅の近くに、最初のスポット〈浄閑寺〉があります。創建は明暦元年（1655）。浄土宗のお寺で、正式には〈栄法山清光院浄閑寺〉と言いますが、俗称の〈投込寺〉の方が有名かもしれませんね。この俗称は、安政2年（1855）

の大地震で亡くなった、引き取り手のない吉原の遊女たちが、投げ込むように葬られたことに由来するそうです。

地震以来の遊女の無縁仏は、2万5千体にもなると言われています。その仏さまたちは、本堂の裏手の墓地にある〈新吉原総霊塔〉と呼ばれる供養塔に納められています。

またその近くに〈永井荷風詩碑並筆塚〉もあります。明治から昭和にかけて活躍した文豪の永井荷風は、吉原や浄閑寺をしばしば訪れていました。この碑は、そんな荷風の遺志を汲んだ、作家の谷崎潤一郎をはじめとする42人の有志によって、昭和38年（1963）4月30日に建てられました。大きな横長の碑には、変わりゆく東京をうたった「震災」という1篇の詩が刻まれています。なお、実際の荷風のお墓は〈雑司ヶ谷霊園〉にあります。

樋口一葉が駄菓子屋を営んだ町

次に、日光街道を日光とは反対の東京方面に少し進みましょう。そうすると、道が2本に別れる分岐点が出てきますので、〈国際通り〉と書いてある方を選んでください。

吉原は、この国際通りと日本堤にはさまれたエリアにあるのですが、そこに向かう前に、吉原の北脇にある〈竜泉〉という町をたずねましょう。

国際通りを進むと〈竜泉〉という交差点が出てきます。そこを左に曲がると、〈茶屋町通り〉になります。戦前までは賑やかな商店街だったようですが、今は、田舎まんじゅうを売る〈おし田〉など、数店だけがその面影を留めています。

そのおまんじゅう屋さんの近くに、〈樋口一葉旧居跡碑〉があります。女流作家・樋口一葉が、生活を支えるために荒物駄菓子店を営んでいたところです。

明治29年（1896）に24歳の若さで亡くなる一葉は、生涯に20作以上の小説を書きましたが、その1つに吉原を舞台にした名作『たけくらべ』があります。一葉が竜泉に住んだのは、明治26年のわずか9ヵ月ほどでしたが、吉原に隣接するこの町にいたから書けた作品と言えるでしょう。

この小説は、明治28年（1895）に雑誌『文藝倶楽部』に発表されると高い評価を受け、一葉の名声が一気に高まったそうです。森鷗外からも「此人にまことの詩人という称をおくることを惜しまざるなり」と激賞されました。

そんな『たけくらべ』にちなんで、昭和36年（1961）に、旧居跡の近くに〈台東区立一葉記念館〉が創られました。日本初の女性作家の単独文学館の開設だったそうです。

その後、一葉が5千円札の肖像に採用されたのを機に改築され、現在は、平成18年（2006）に完成した、地下1階・地上3階建てのスタイリッシュな建物になっています。吉原の隣にある下谷竜泉寺町の明治期のジオラマもあるなど、浅草田んぼのあたりのかつての雰囲気も味わうことができます。

神仏混交の流れをくむ酉の市

吉原は一葉ゆかりの地から目と鼻の先の距離にありますが、いったん国際通りに戻りましょう。するとすぐに進行方向左手に〈鷲神社〉が見えてきます。

鷲神社・大鳥神社は関東地方にたくさんありますが、江戸時代以来、吉原が近い浅草のこの神社が、最も有名で大規模です。

明治時代に神仏分離令で、全国の神社と寺院が分けられてしまいましたが、日本はそれまで神仏混交でした。鷲神社も例外ではなく、もとは神社の隣にある〈長國寺〉内のお社でした。寺と社は分離されても、酉の市は両方の敷地を併せた広々とした場所で、今でも大々的に行われています。

酉の市は、深夜0時に叩かれる太鼓を合図に始まります。大勢の人々が一気に参詣になだれ込むさまは、押すな押すなの熱気にあふれて、見ているだけで気分が高揚してきます。

でも、圧巻はこれからです。鳥居をくぐった左右に、立錐の余地もないほどギュウギュウに建てられている、熊手を売る多数の露店商の光景をご覧ください。
熊手の露店は天井が異常に高く、店と店の間の隙間もなく建て込んでいます。そして、それぞれの露店には、高い天井のてっぺんまで、大小さまざまな、派手に飾りつけられた、おびただしい数の熊手が、ディスプレイされているのです。
いよいよ熊手露店商の密集エリアに入っていくと、まるで熊手のトンネル

をぐっているような、不思議な感覚におそわれるでしょう。方向感覚もなくなってしまいます。
熊手の露店は、主に敷地内に１５０店あり、焼きそばや水ヨーヨーなどを売る普通の露店は、敷地外に７５０店も出るそうです。敷地外とは、つまりは町のことです。酉の市のときは、路地や道路、歩道にまで露店があふれ、町全体がザワザワと騒がしくなります。
江戸時代からの名物に、熊手のほかに頭芋《とうのいも》があります。人の頭に立つくらい出世するとか、１つの芋からたくさんの芽が出るほど子宝に恵まれるといった縁起物として人気がありましたが、今では1軒だけになってしまいました。

熊手は福をかき込む縁起物で、特に商売繁盛の御利益があると信じられてきました。商売をしている個人や企業は、毎年熊手の大きさを少しずつ大きくしていくそうです。また、熊手が売れたときの手締めも、なんとも粋です。

酉の市にまつわるこんな俗信もあります。11月の酉の日は、年によって2回のときもあれば3回のときもあるのですが、3回目の酉の日である〈三の酉〉がある年は火事が多いというものです。今でも地元の人は、今年は三の酉まであるから火事に気を付けようと、季節の挨拶のように話しています。

吉原を歩く

廻れば大門の見返り柳、いと長けれど……

これは、樋口一葉『たけくらべ』の冒頭です。〈大門《おおもん》〉は吉原の入口で、〈見返り柳〉はその手前に植えてある柳のことです。

江戸時代の吉原は四角形をした人工的な町で、入口は〈大門〉1ヵ所しかなく、周囲は塀と〈おはぐろどぶ〉と呼ばれる堀で囲まれていましたが、今では塀も堀もないので、どこからでも入れます。今日は裏から入りましょう。

まず吉原弁天が見え、次に吉原神社が現れます。これらを伏し拝みながら、進んでいくと、道がまっすぐになります。これが〈仲之町《なかのちょう》〉と呼ばれる吉原のメインストリートです。

この道先に大門跡があり、その跡を通過すると、道がS字カーブになります。この道を〈衣紋坂《えもんざか》〉と言います。遊客が衣紋（着物）を整えたことに由来するそ

うです。
坂を通り過ぎると、大通りに出ます。ここがかつての〈日本堤〉です。江戸時代には土手になっていました。左に行けば三ノ輪、右に行けば隅田川に着きます。
この衣紋坂と日本堤が交わる右隅に〈見返り柳〉があります。もう何代目かの柳で、ヒョロヒョロと細いので、見つけにくいかもしれませんが、ガソリンスタンドを目印に探してみてください。

吉原と聞くとダークなイメージがあ

るかもしれませんが、江戸・東京では、唯一、幕府に公認されていた遊廓でしたので、娯楽の少ない江戸時代には、国を代表する文化施設のような役割も果たしていたようです。浮世絵からお芝居まで、江戸文化と言われるものの大半が、吉原なくしては発展しなかったと言っても過言ではありません。

一子相伝の隠し味

さあ食事にしましょう。〈桜なべ中江〉は、日本堤をはさんで、見返り柳の斜め前にある、明治38年(1905)

創業の老舗の桜なべ屋さんです。

〈桜〉とは馬のことです。馬肉はここ数年、そのおいしさとヘルシーさが広く知られるようになり人気が急上昇中ですが、中江では老舗ならではの、伝統に基づいた洗練された逸品がいただけます。

牛肉のカルビにあたるお肉は、甘味があって口溶けがよく、そのお肉を、一子相伝の味噌だれが、隠し味となって引き立ててくれます。初めての方でも食べ方を教えてくれますので、どうぞご安心ください。

また馬肉は近年、食の安全という面からも注目が集まっていて、中江の生肉メニュー、握りやユッケの人気も高まっています。牛肉よりもあっさりしているのに味に深みがあって、やみつきになります。


中江の魅力は建物にもあります。関東大震災後に宮大工が建てた、風格のある木造2階建てで、国の登録有形文化財にも指定されています。外観も趣があり、ここだけ時代が止まっているかのような、懐かしい光景に出会えます。

実は近年、中江別館が誕生しました。吉原の仲之町にある引手茶屋〈金村〉を改装した建物ですので、吉原のお座敷で食事をするという、なかなかできない粋な体験もできます。
料理といい、建物といい、ぜひ訪れてほしい名店です。

本文中で食べたメニュー
昼の中江コース　￥4,800
（土日祝のみ、限定30食）

（桜鍋（ロース肉・ザク）握り寿司（2貫）　3点盛り（馬刺し、本日の桜肉料理、本日の一品）玉子　ご飯　味噌汁）

【桜なべ　中江】
東京都台東区日本堤1-9-2
電話03-3872-5398
［営業時間］
〈平日〉
17:00～22:00（L.O. 21:30）
〈土・日・祝日〉
昼11:30～14:00（L.O. 13:30）
夜16:00～21:00（L.O. 20:30）
［定休日］
月曜（祝日は営業、翌日休）

師走

12月

歳末の浅草寺を歩く

何かと忙しい師走。ただでさえ気ぜわしいのに、やることが目白押しで、毎年バタバタしてしまいますね。今年は、そんなスケジュールに伝統行事を加え、ホッとひと息入れてみませんか？

そこで今月は、浅草寺に行って、知っているようで知らない穴場のスポットを散策しながら、古くさいと思われていたためか、しばらく倦厭《けんえん》されてきた観のある〈羽子板市〉を見学したいと思います。そして最後は、老舗のお蕎麦屋さんに行って、一足早い年越し蕎麦でシメましょう。

尾張屋支店（台東区浅草　幕末創業）

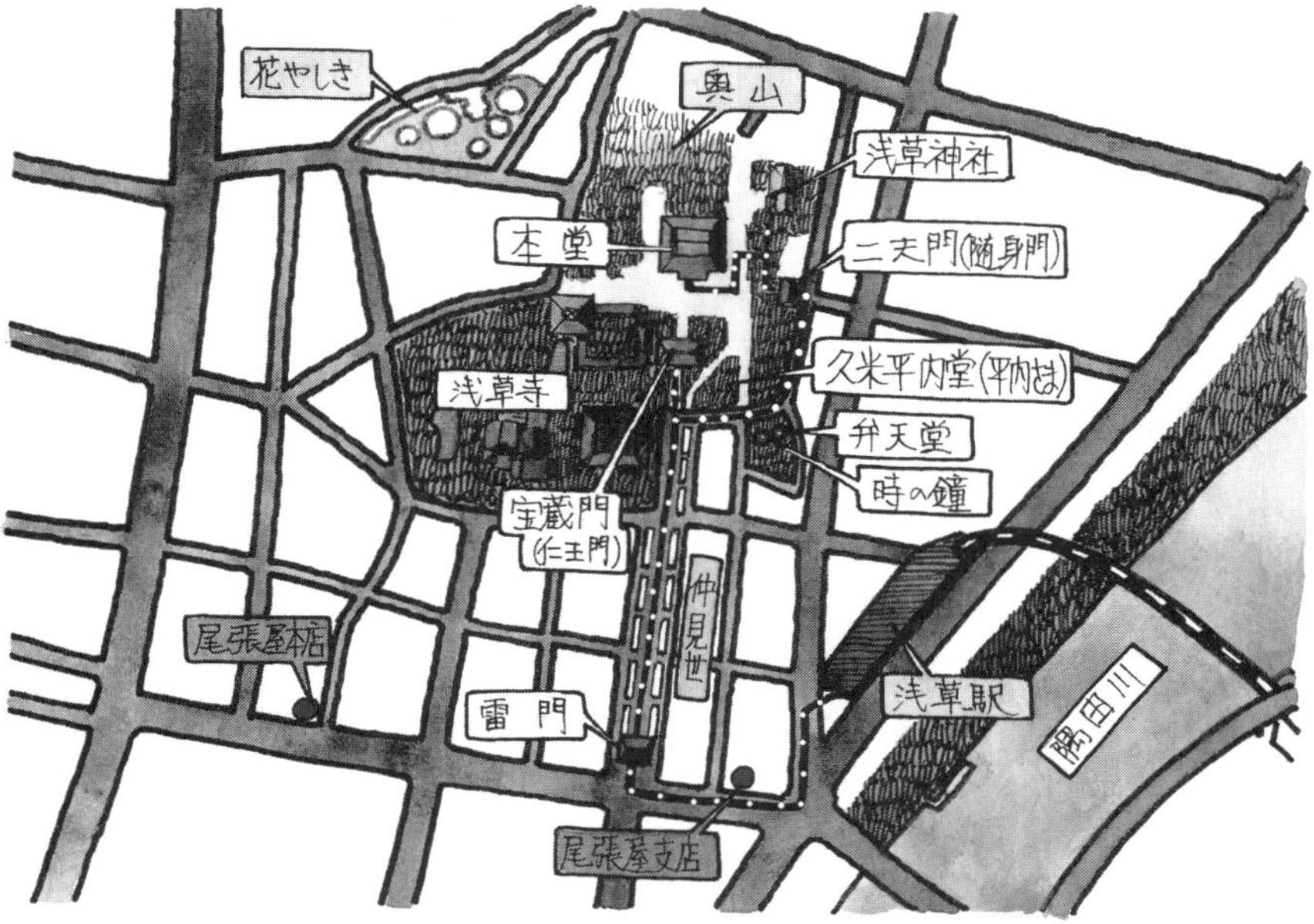
花やしき
奥山
浅草神社
本堂
二天門(随身門)
久米平内堂(平内さま)
浅草寺
弁天堂
時の鐘
宝蔵門
(仁王門)
仲見世
尾張屋本店
雷門
浅草駅
隅田川
尾張屋支店

江戸のパワースポット〈平内さま〉

まずは、〈浅草駅〉で降りて、〈雷門〉に向かいましょう。浅草駅には、東京メトロ銀座線、都営地下鉄浅草線、東武鉄道伊勢崎線が通っています。

雷門の屋根瓦は、2017年10月に葺き替えられました。見慣れた門も、どこか違って見えるかもしれないので、足を止めて見てみましょう。

その門をくぐると、〈仲見世〉になります。ここには、江戸時代までは、〈子院《しいん》〉と呼ばれる浅草寺を支えていた小さなお寺が並んでいました。その軒先を借りて、いろいろなお店が開店したのが、仲見世の始まりと言われています。

今でも、雷おこしや人形焼きなどの飲食店や、いかにも日本らしい、おもちゃの刀やちょんまげのかつらを販売するお土産屋さんなど、バラエティに富んだお店が軒を連ねています。


仲見世を過ぎると大きな門に出ます。今では〈宝蔵門〉と呼ばれていますが、かつては、楼門の左右に仁王様がいらっしゃったので〈仁王門〉と言われていました。

この門の辺りは江戸時代、〈二十軒茶屋〉と呼ばれる茶屋が並んでいたことで知られていました。茶屋の看板娘、今で言うアイドルが、SNSならぬ浮世絵や小説などで宣伝されて、大評判になっていたのです。


さて、宝蔵門をくぐればすぐに、浅草寺の本堂に着くのですが、その前に穴場のスポットに向かいましょう。その1つは、門の手前を右に少し進んだところにあります。

木々で囲まれたちょっとした一角がありますね。ここには、さまざまな奉納仏がまとめられているのですが、なかでも江戸のパワースポットとして有名だった、〈平内《へいない》さま〉こと久米平内《くめのへいない》の石像に注目しましょう。

この石像には、次のような逸話が伝わっています。それは、平内は、剣の道にすぐれた人物でしたが、それゆえに多くの人々を殺したため、罪を償うために座禅を組んだ自らの石像を作らせて、人通りの多い仁王門（現在の宝蔵門）の近くに埋め、踏みつけさせた、というものです。

このエピソードも面白いのですが、これがパワースポットのゆえんではありません。次のような、さらなる展開をみせるのでした。

石像を「踏みつける」という言葉は、「文付ける」と同音ですね。文付けるとは、ラブレターを贈るという意味です。そうです。もうお分かりですね。平内さまは、いつしか〈恋の神さま〉として信仰されるようになり、特に女子から絶大な人気を誇っていたそうです。

浅草の時の鐘

では、穴場めぐりを続けましょう。平内さまを先に進んで行くと、小山が見えてきます。これを〈弁天山〉と言います。山と言っても、階段を10段ほどのぼれば頂上に着く、ほんとうに小さな山です。

頂上には弁天様を祀った〈弁天堂〉があります。でもこの弁天様は、なんと白髪なのです。そのため〈老女弁天〉と呼ばれています。

お堂の隣には鐘楼があります。これは江戸時代には、時を告げる〈時の鐘〉でもありました。

松尾芭蕉の有名な句に、

花の雲鐘は上野か浅草か

というのがありますが、これは、この鐘の音を詠んだものと言われています。

弁天山を下りて、浅草寺の本堂の方角に歩いて行きますと、今度は右手に古い門が見えてきます。今では〈二天門〉あるいは〈浅草寺東門〉と呼ばれていますが、もとは〈随身門《ずいじんもん》〉と言われていました。楼門の左右に、随身（従者）姿の2人の神さまが安置されていたからです。

驚くのは、この門が〈東照宮〉の門だったことです。なんと浅草寺にも東照宮があったのですね。寛永19年（1642）に焼失し再建されませんでしたが、この門と石橋だけが残っています。石橋は現在、後ほど歩く〈奥山〉にあります。

この門の隣に浅草神社があります。ここが、あの〈三社祭〉で有名な神社です。三社とは、浅草寺の本尊である観音様を発見した三神のことで、その三神がお祀りされている神社なのです。


それではいよいよ、神社と隣り合っている浅草寺の本堂へお参りに行きましょう。本堂は〈観音堂〉とも呼ばれています。特徴は急勾配の大屋根です。そのため正面から見ると、なんとも威風堂々としています。

その本堂の横からはスカイツリーも見えます。新旧のランドマークを比較しながら楽しめる、写真映えするスポットでもあります。昼も美しいのですが、本堂もスカイツリーもライトアップされるので、夜景もステキです。

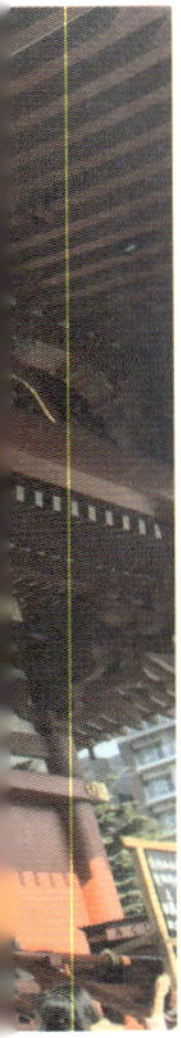

いざ、羽子板市へ！

浅草寺の本堂で年末のお参りをすませたら、境内の娯楽スポットだった所に行きましょう。それは、本堂の裏に広がる〈奥山〉と呼ばれるエリアです。今では観光バスの駐車場になっていますが、江戸時代には1日中遊べる、一大娯楽場でした。

綱渡りや曲馬、講談、落語や、楊弓《ようきゅう》（今のアーチェリー）などが行われていましたが、定番は〈見世物〉でした。見世物の多くは、竹篭で作られたオブジェで、2、3メートルもある巨大な

ものや、本物の水を使った滝のオブジェもあったようです。
日本最古の遊園地と言われる、嘉永6年（1853）創業の〈花やしき〉もここにあります。開園当時は、牡丹や菊などの〈花〉を見せる植物園でしたが、その後、遊具が設置されていき、今のような遊園地になったそうです。狭い敷地に遊具が密集しているところが、大きな魅力になっています。

では最後に、今なお盛んな師走の伝統行事〈羽子板市〉に行きましょう。もともとは、1年の最後に行われる市という意味で、〈歳の市〉と呼ばれていました。〈市〉とは〈縁日〉のようなものです。歳の市での主な売り物はお正月用品でした。

そして、羽子板もその1つとして売られていたのですが、だんだんとそれがメインになっていき、今のような羽子板市ができあがり、とうとう師走の風物詩になったそうです。

市が開催されるのは、師走の17日、18日、19日です。浅草寺の本尊である観音様の縁日が18日なので、この日を中心にして、前後合わせて3日間開かれます。

この期間は、本堂周辺が羽子板を売る露店で埋め尽くされます。この市は、昼見ても楽しく、また、ライトアップされた夜は、幻想的な雰囲気も加わり、独特の趣が味わえます。

羽根突きには、厄除けの意味があると言われています。もとは迎春の宮中行事だったそうですが、江戸時代に庶民の遊びになり、さらに江戸後期に〈押絵羽子板〉が作られ、羽子板人気に火がついたようです。

〈押絵〉とは、今で言えば〈3D〉のことです。切った厚紙を布でくるんで人物や花鳥などを作り、その中に綿をつめて高低をつけたものです。

近年、テレビなどのメディアを賑わせているのは、その年の話題の人物、たとえば、芸能人、政治家、スポーツ選手などの押絵ですが、江戸時代に人気だったのは歌舞伎役者です。現代のアイドルやスターのような存在だったので、露店の前には女性客が殺到したそうです。

リアルで立体的な押絵の技術は、日本ならではの伝統工芸と言えるのではないでしょうか。でも最近、押絵を作る人も、また、その似顔絵を描く人も減っているそうです。これからも絶滅せずに残ってほしいですね。

一足早い年越し蕎麦を

そろそろお腹がすいてきたのではないでしょうか。まずは、スタート地点の〈雷門〉に戻りましょう。門の左右に連なるアーケードの下に、お店がたくさん並んでいます。ここを〈浅草雷門通り商店街〉と言います。江戸時代から門前町

として発展してきた歴史のある通りです。
お目当てのお蕎麦屋さん〈尾張屋〉もここにあります。お蕎麦屋さんとしての歴史は、幕末にさかのぼるようです。店舗は、雷門を挟んで、隅田川寄りと、その反対側とにあります。この2店舗はそれぞれ、現在の5代目のおかみさんの、お爺さんとお婆さんのご実家だったそうです。
隅田川寄りが支店、もう1軒が本店と呼ばれていますが、味に違いはありません。2軒とも2階建てなのですが、各階に厨房があるので、どこで食

べても、まさにできたての絶品蕎麦がいただけるからです。
階段を行き来するとお蕎麦がのびてしまうので、４つも厨房を作ったそうです。しかもお店よりも広いとか。蕎麦作りへのこだわりがうかがえますね。
著名人のいきつけの店としても有名です。たとえば、近代の作家永井荷風は、いつも同じ席に座って〈かしわ南蛮〉を好んで食べていたそうです。また、通りの向かいには、俳人や劇作家としても知られる小説家の〈久保田万太郎の生誕の地碑〉があります。もちろん常連さんだったようです。

お蕎麦の種類は、海老、紫蘇、柚、抹茶など、とっても豊富。季節限定のお蕎麦もあります。でも今回は、はじめての方もいらっしゃると思いますので、名物の〈天ぷらそば〉を注文しましょう。

蕎麦で〈天ぷら〉といえば〈海老〉と相場がきまっていますが、尾張屋の海老には、そんなあなたも驚かされてしまうでしょう。なぜなら、信じられないほどの大きさで、どんぶりからはみ出しているからです。

衣でごまかしているわけではありませんよ。厳選されたプリプリの海老が、尾張屋のためだけに作られた特注のごま油で、サックサクに揚げられているのです。香りがよく、さっぱりしているので、大きくても何本でも食べられそうです。

それに加えて、こだわりのお蕎麦は、見た目が白くてつややかな上に、のどごしが抜群です。どうやら、素材と挽き方に秘密があるそうです。


常連さんから教わった隠れた人気メニューは、お蕎麦を注文する前に頼みましょう。かわいらしい小さな木箱に入った焼き海苔です。箱の蓋を開けると網があるので、そこに海苔を乗っけて、箱の下に置かれた炭火で、自ら炙って食べましょう。
年末を海外で過ごすのもステキですが、日本の伝統行事〈羽子板市〉を体験して、老舗で年越し蕎麦を食べるのも、なかなかどうしていいものですよ。

本文中で食べたメニュー
天ぷらそば　¥1,900
やきのり　¥700

【尾張屋本店】
東京都台東区浅草 1-7-1
電話 03-3845-4500
【尾張屋支店】
東京都台東区浅草 1-1-3
電話 03-3841-8780

［営業時間］
11:30 ～ 20:00
※本店木曜は 11:30～16:00
［定休日］
（本店）金曜／（支店）水曜

睦月

1月

1年の開運と合格を祈願する

お正月の過ごし方も時代と共に変わっていき、だんだんせわしなくなっていく気がします。でも、あまり変わらない風物詩もあります。それは初詣と受験生の姿です。1年の開運祈願と合格祈願を同時に味わえるスポットは、広い東京でもなかなかないのではないでしょうか？　今月は、そんなレアな散歩をします。もちろん歴史も満喫でき、地形のアップダウンも体感でき、知る人ぞ知る穴場のスポットにも行けます。場所は〈本郷〉〈湯島〉界隈です。散歩の後は、老舗のお蕎麦屋さんで、お腹の中から癒やされてください。

蓮玉庵（台東区上野　安政6年創業）

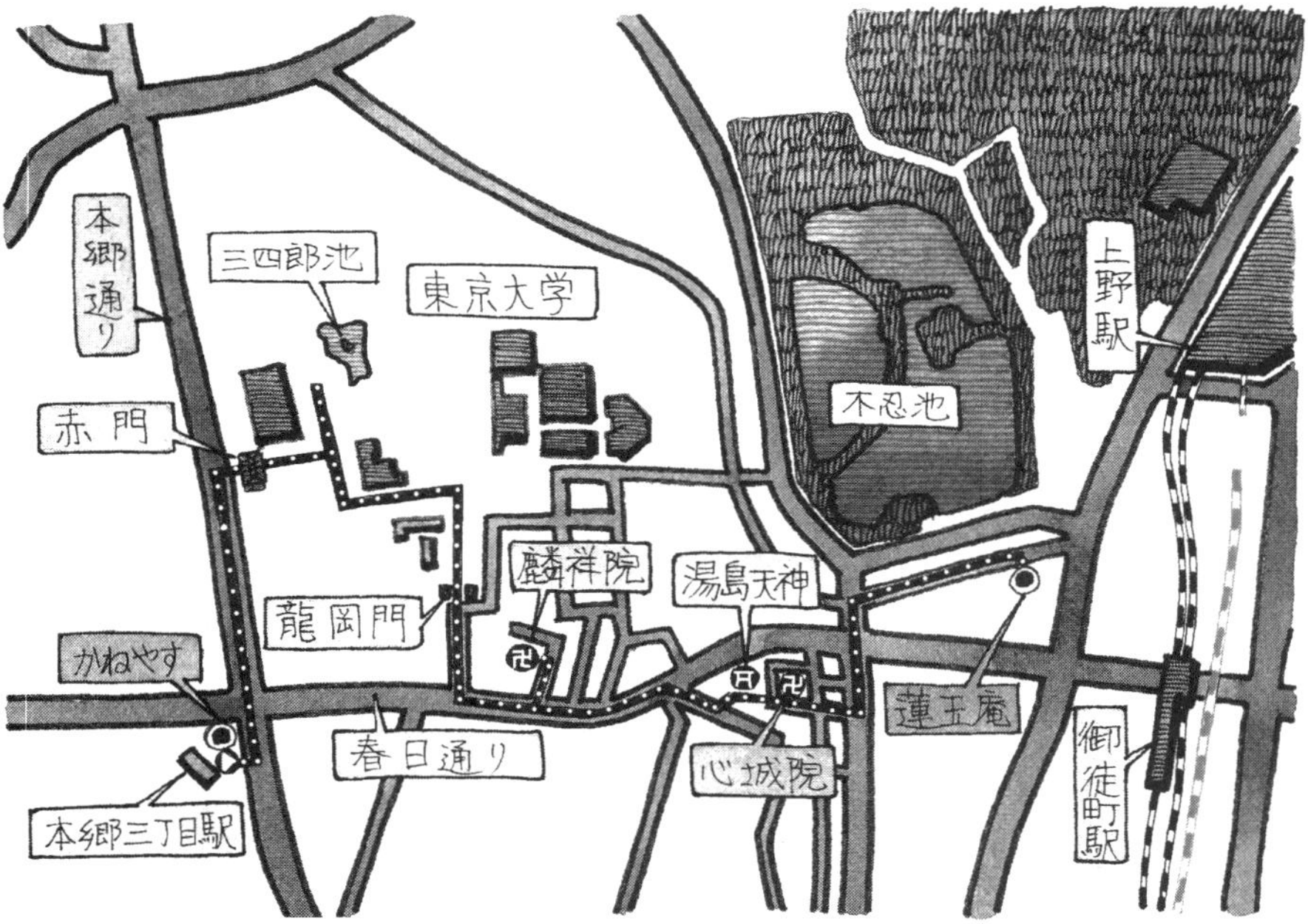
本郷通り
三四郎池
東京大学
不忍池
上野駅
赤門
麟祥院
湯島天神
龍岡門
かねやす
蓮玉庵
御徒町駅
春日通り
心城院
本郷三丁目駅

東京大学と三四郎池

まず、受験スポットに行きましょう。出発点は〈本郷三丁目駅〉です。東京メトロ丸ノ内線と都営大江戸線が通っています。

地上に出ると、大きな交差点があります。ここには江戸時代から〈かねやす〉という小間物屋がありました。「本郷もかねやすまでは江戸の内」という川柳で有名ですね。

交差する道路は、〈春日通り〉と〈本郷通り〉です。最初の目的地〈東京大学〉は本郷通りに面しています。敷地がとても広いので、大学の塀はずっと続くのですが、最も有名な〈赤門〉が最初に現れますので、そこから構内に入りましょう。

何しろ緑が多い大学で、門をくぐると、さっそく銀杏並木が出迎えてくれます。そのトンネルを抜けると〈三四郎池〉に着きます。この池の周りは、大学構内でも最も緑の多いエリアです。

池は低いところに位置していて、それを取り囲むように傾斜のやや急な斜面があり、そこに木々が生い茂っています。今ではちょっとしたジャングルのような趣になっていますが、実はかつては日本庭園だったのです。

そもそも三四郎池という愛称は、夏目漱石の小説『三四郎』の舞台にされてからのもので、正式には〈育徳園心字池〉と言います。それというのも東京大学の敷地は、江戸時代には「加賀百万石」と言われる加賀藩前田家の上屋敷だったからです。その時の庭園はもっと大きく立派だったそうです。

先ほどくぐった赤門も、加賀藩時代のものです。11代将軍徳川家斉《いえなり》の息女・溶姫《ようひめ》が、前田家に輿入れする際に建造されたものです。

春日局ゆかりのお寺

次に、〈春日通り〉の名称の由来でもある〈麟祥院《りんしょういん》〉というお寺に行きましょう。

三四郎池の最寄りの〈龍岡《たつおか》門〉から東京大学を出て、真っ直ぐ進むと、春日通りに突き当たります。その通りを左折して少し行くと、左手の奥まったところに正門が見えます。

今でも敷地は広いのですが、かつてはもっと広く、このあたり一帯が、三代将軍徳川家光の乳母〈春日局《かすがのつぼね》〉の隠居所で、死後、菩提寺になったそうです。ピンときた方も多いと思いますが、春日通りは春日局にちなんだ名称だったのですね。

お寺の墓地には春日局のお墓があるのですが、その形がちょっと変わっています。墓石の四方と台石に、ハンドボールくらいの大きさの丸い穴が開いていて、向こう側が見えるようになっているのです。

これは、「死んだ後も政道を見守れるように、黄泉から見通せる墓をつくってほしい」という局の遺言によるものと言われています。江戸時代には「願いが通る」といった俗信も生まれ、参詣する人が少なくなかったそうです。

局のお墓の隣にも立派なお墓が建っています。稲葉正則の正室〈万菊〉のお墓です。春日局は、家光の乳母になる前は正則の祖父・正成の妻でした。3人の子どももうけています。そのため、死ぬまで稲葉家を気にかけていたそうです。

湯島天神と泉鏡花

では続けて、〈湯島天神〉（湯島天満宮）に行きましょう。天神さまを祀る神社は全国にたくさんありますが、東京では湯島天神が最も有名なのではないでしょうか。

受験シーズンにはたいへん賑わいます。〈天神さま〉は学問の神さまだからです。天神さまとは平安時代の学者だった〈菅原道真〉のことで、とても頭の良い人だったそうです。

境内に梅林があるのは、梅は天神さまに欠かせない樹木だからです。こんな不思議なエピソードもあります。

政界で妬みをかった道真は、太宰府への左遷が決まりました。京都の自宅を出発する時、かわいがっていた庭の梅と別れを惜しみ、歌を詠みました。


東風吹かば匂ひをこせよ梅の花　あるじなしとて春な忘れそ

すると、その梅がのちに、道真のいる太宰府に飛んで来たのでした。

さて、神社の敷地内には石碑もたくさんあります。どれも見応えがありますが、なかでも貴重なのは「奇縁氷人石《きえんひょうじんせき》」でしょう。

これは、江戸時代の迷子の標識です。湯島天神は昔から、大勢の人々でごったがえしていたのですね。都内の境内に残っている標識では、唯一のもののようです。

明治時代になると、湯島天神を全国的に有名にした小説が現れました。それは泉鏡花の『婦系図《おんなけいず》』です。湯島天神が、小説のクライマックスである、主人公のチカラ（早瀬主税）と恋人のオツタ（お蔦）の別れの舞台になったのです。その時のオツタのセリフ「別れろ切れろは芸者の時に言う言葉……」は、今でも広く知られています。

でも、この場面は、原作の小説にはなく、新派劇にされた時に加えられたもので、その芝居を見た鏡花が、のちに自ら書き下ろしたそうです。

その後も最近まで、映画やテレビドラマ、さらには歌謡曲にもされました。こ

れらによって湯島天神は全国的に知られるようになったのです。

江戸の女性に大人気の井戸

最後の初詣は、知る人ぞ知る穴場のスポットです。また、東京の地形を肌で感じられる場所でもあります。

ちょっとこのあたりの地形に注目しておくと、東京大学から湯島天神までは〈本郷台地〉の上にあり、湯島天神はその台地の〈際《きわ》〉に建っています。

この地形をふまえながら、〈際〉にある〈崖〉を下りる方法を見てみましょ

う。それは2通りあります。1つは〈男坂〉と呼ばれる、距離は短いながら傾斜のきつい階段を下る方法、もう1つは、距離は長いけれど緩やかな階段〈女坂〉を下る方法です。
階段以外に、春日通りの坂を下りるという方法もあります。この坂は江戸時代に台地を切り開いて作られたものです。このような道を〈切り通し〉と言います。この道は、坂の下にある池之端の繁華街〈仲町《なかちょう》〉に便利に行けるように切り開かれたそうです。
話を崖に戻しましょう。男坂を下りたところに〈心城院《しんじょういん》〉があります。現在では小さなお寺なので気づかない人も多いようですが、江戸時代にはとても有名でした。

この辺りには、神仏習合の時代には湯島天神とセットのお寺がありました。敷地はかなり広大だったそうです。

明治時代になると神仏分離令が発令されて、お寺は消滅してしまいましたが、奇跡的にその一部が残りました。それが心城院です。元禄7年（1694）に、道真が信仰していた〈聖天さま〉を本尊として開山しました。

聖天さまにはいろいろな御利益がありますが、特に商売繁盛の仏さまとして信仰されています。それを象徴する〈二股大根〉と〈巾着袋〉のかわいらしいモチーフが、境内のいたるところにあしらわれています。

その他にも、敷地はとても狭いのですが、見きれないほどの見どころがあります。聖天さまと必ずペアで祀られるという〈十一面観音〉は、〈江戸三十三観音〉のおひとりです。心城院は七番札所でもあるのです。

境内にも見どころが満載です。特に〈柳の井〉は必見です。江戸時代から話題のスポットだったからです。この井戸の水で髪を洗うとサラサラヘアーになると、江戸時代の女性に大人気で、当時の随筆やガイドブックでも、しばしば取り上げられていました。

また、井戸の反対側の〈放生池〉も注目です。こちらも江戸時代から〈放生会《ほうじょうえ》〉というイベントで有名でした。放生とは、生きものを放つことです。心城院では亀を放していたので、〈亀の子寺〉とも呼ばれていました。しばらくの間、断絶していたのを、近年復活させ、その際、日本固有種の〈ニホンイシガメ〉を飼育して放すようにしたそうです。

ところで、心城院には、井戸や池など〈水〉にまつわる見どころが多いことにお気付きでしょうか？　ここでちょっと地形を思い出してみましょう。このお寺は〈崖〉の直下に位置していましたね？　そのため名水が湧き出てくるのです。なんと今でも湧いているので、災害時の井戸にも指定されているそうです。

古いお店が残る仲町通り

では、そろそろお腹がすいてきたと思いますので、老舗に向かいましょう。今回行くのは〈蓮玉庵〉というお蕎麦屋さんです。創業は江戸時代の後期。安政6年（1860）と言われています。

場所は、先ほどふれた、江戸時代からの繁華街〈仲町〉にあります。心城院の前の道を進み、広い通りに出たら左折してください。すると〈不忍池〉に突き当たるので、その1本手前の道を右折しましょう。それが仲町通りで

す。
今では居酒屋やスナックなどが目立つ飲み屋街になっていますが、古いお店も残っています。着物の帯締めによく使われる組紐を商う〈有職組紐　道《どう》明《みょう》〉や、今でいう仁丹のような味の〈宝丹〉という薬を扱う〈守田治兵衛商店〉などがあります。
道明は、承応元年（1652）創業。今でも手染め・手組みの伝統を守っていて、日本ならではの微妙で鮮やかな色を作り出しています。宝丹の創業は延宝8年（1680）。夏目漱石の小説『吾輩は猫である』にも登場する、東京最古の薬屋さんと言われています。

蓮玉庵も、森鷗外の小説『雁』など、多数の小説に出てくるほか、斎藤茂吉の短歌「池之端の蓮玉庵に吾も入りつ上野公園に行く道すがら」も残っています。

昔の面影が残る古風な外観と、リニューアルされたきれいでモダンな内観が心地よくマッチしています。

お蕎麦は喉ごしといい、風味といい、舌触りといい、どれをとっても嫌みのない上品さがあります。出汁の加減もこれまた上品です。温かいお蕎麦でも、冷たいお蕎麦でも、出汁と蕎麦とが絡まり合って口に入ってくるとき、その上品さに、心身がじんわりと癒やされていく気がします。

本文中で食べたメニュー
おかめそば　￥1,250

【蓮玉庵】
東京都台東区上野 2-8-7
電話 03-3835-1594
［営業時間］
〈平日〉
昼 11:30 ～ 15:30
夜 17:00 ～ 19:30
〈日・祝日〉
11:30 ～ 19:00
［定休日］
月曜・第2、4火曜

如月

2月

江戸の鬼門を守る
寛永寺の節分

2月3日は、「明日から春です」という季節の変わり目。こんな節目の日は邪気が入りやすいので、豆をまくようになったそうです。〈豆〉は〈魔滅〉に通じるので、豆をまけば魔を滅すことができると信じられてきたのです。スーパーで買った豆をまくのもよいですが、神社仏閣でゲットした豆を、家に持って帰ってまくのもオススメ。その方が霊験もあらたかそうですね。今月は、江戸・東京のおよそ400年の歴史と共に節分スポットをめぐり、散歩の後は根津の老舗を訪ねましょう。

はん亭（文京区根津　昭和45年創業）

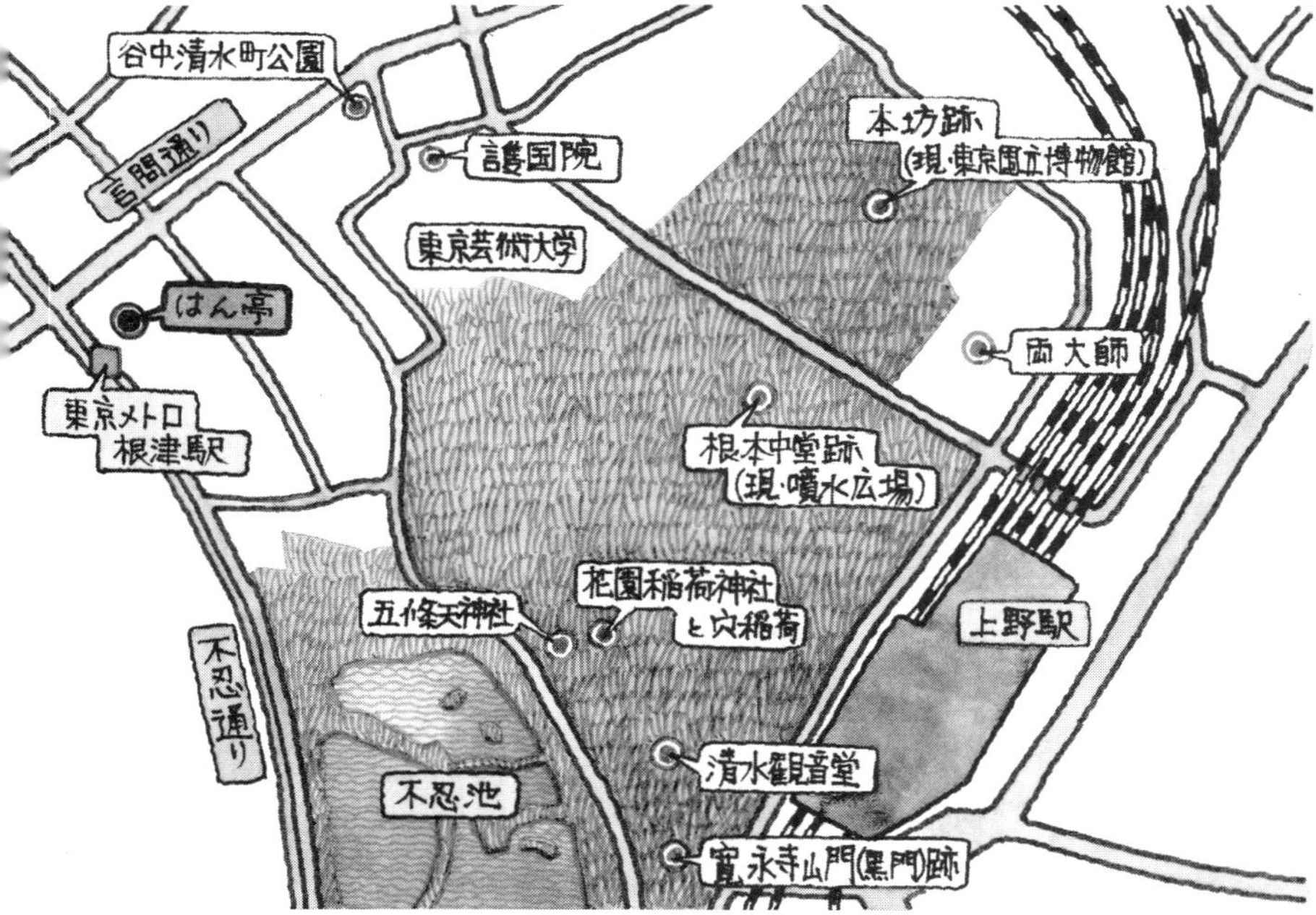

谷中清水町公園
言問通り
護国院
本坊跡
(現・東京国立博物館)
東京芸術大学
はん亭
両大師
東京メトロ
根津駅
根本中堂跡
(現・噴水広場)
花園稲荷神社
と穴稲荷
五條天神社
上野駅
不忍通り
不忍池
清水観音堂
寛永寺山門(黒門)跡

鬼は～そと　福は～うち

パンダのいる、あの上野公園が、節分の日は〝豆まきだらけ〟になる！

それというのも、上野公園はその昔、お寺だったからです。

どんなお寺があったのかと言えば、これまたビックリするかもしれませんが、公園全体が〈東叡山寛永寺〉という1つのお寺だったのです。

創建は、江戸時代の初期。最初の将軍・徳川家康は、江戸を政治の中心地と定めて江戸城に入城したとき、江戸の町を風水的にも守護しようと、邪気が入ってくる〈鬼門〉の方角に、お寺を建てることにしました。

お寺づくりに際しては、京都にある比叡山延暦寺をモデルにしました。延暦寺も、京都の鬼門にあって、町を守護するお寺だったからです。

江戸は京都から見ると東の方角にあるので、東にある叡山という意味で〈東叡山〉と名付けられました。寛永寺の〈寛永〉とは、昭和や平成と同じような年号です。完成したのが、寛永時代（1624−44）だったことに由来します。

ところで最近、〈恵方巻き〉に押され気味の〈豆まき〉ですが、節目の日に昔ながらの年中行事を行うと、何か生活にケジメがついて、心もあらたまる気がしますね。

でも、豆まきに参加するには、どこに行けばいいのでしょうか？

また、テレビで観るような、有名な芸能人などが豆をまく大きなお寺や神社は、たいてい混雑しているので、「人ごみは苦手」という方もいらっしゃるかもしれませんね。今から、そんな方々も安心の穴場スポットを紹介します。

最強のパワースポット

安政3年（1856）の江戸図を開くと、上野広小路から上野公園に入る所（西郷像の階段の下）に〈黒門〉という門が見えます。それが東叡山寛永寺の山門でした。門を入ってちょっと行くと、今も残る〈清水観音堂〉があります。京都の清水寺のミニチュア版なので、小さな〈清水の舞台〉もあって、絶景が楽しめます。

今の噴水のある辺りが山頂です。ここに〈根本中堂〉が建っていました。その向こうの東京国立博物館には、〈本坊〉と呼ばれる寛永寺の最高位のお坊さんの住まいがありました。

でも、徳川幕府と共にあった寛永寺は、慶応4年（1868）には新政府軍と幕府軍の戦場になり、明治時代になって接収され、大半が東京都と国のものになりました。病院や大学にする計画もありましたが、長崎医学校の教師だったボードワン博士のおかげで公園になりました。そして、内国勧業博覧会が行われるなどして、今のような博物館や動物園などの文教施設が密集する、世界にも類のない都市公園に生まれ変わったのです。

さて、第1の豆まきスポット〈両大師〉は、今も本坊（現・東京国立博物館）の隣にあります。祀られている2人の大師は、慈恵《じえ》大師（良源）と慈眼《じげん》大師（天海）です。2人とも物凄いパワーの持ち主だったので、知られざるパワースポットでもあります。

天海は、寛永寺を開いたお坊さんです。なんと108歳まで生きたそうです。パワーの持ち主は、寿命も桁外れですね。寛永寺を日本一のお寺にしたのも天海です。天海は、本坊のお坊さんに、代々天皇の皇子をお迎えして、皇子を戴く最上級のお寺としたのです。

良源は、平安時代のお坊さんで、別名を〈角《つの》大師〉と言いました。良源はある日、鏡の中に、角を生やした鬼のような恐ろしい分身像を出現させました。そして、その姿を絵に描かせ、それを護符にして、戸口などに貼らせ、人々を疫病や災難から守護するようになったそうです。

寛永寺では、豆まきの時、「福は内」だけで、「鬼は外」は言いません。それは角大師さまがいらっしゃるからだと言われています。

古式ゆかしい五條天神社の豆まき

最近、京都の伏見稲荷大社が、外国人観光客にたいへん人気を呼んでいるそうです。

お目当ては、幻想的で美しい鳥居のトンネルです。それとは比較にならないほど小規模ですが、上野公園にも鳥居のトンネルがあるのですが、ご存知でしたか？見逃しやすいので、注意して探してみてください。

実は、その鳥居をくぐった先に、第２の節分スポットがあるのですが、その前に、同じ敷地にある、別のお社に行ってみましょう。

それは〈花園稲荷神社〉と〈穴稲荷〉です。寛永寺創建時からある古い社なのですが、これまた見過ごされがちな、分かりにくいところにあります。

特に穴稲荷は、崖に掘られた洞穴の中にあるので、知らないと分からないかもしれません。また、穴稲荷は、暗い洞穴の中の、そのまた小さな穴の中に祀られ

ているので、よく見えないかもしれません。そんな時は、穴の前に、今戸《いまど》焼きのかわいらしい狐の人形があるので、それを目印にして拝みましょう。

穴稲荷は、寛永寺の建立によって棲み家を奪われた狐たちのために創られたもので、隣接する花園稲荷神社も、もとはこの場所にあったそうです。

この2つのお稲荷さんが祀られている崖から一段低いところに、広々とした空間があります。ここが第2の節分スポット〈五條天神社〉です。

五條天神社は、明治時代にこの地に

移ってきたので、寛永寺とは直接関係はありません。そのため、豆まきのセリフも違います。
寛永寺では「福は内」しか言いませんが、五條天神社では、その「福は内」さえ言わないそうです。当たり前のことなので言わないのだそうです。
またここでは〈節分〉も、〈追儺《ついな》〉という別の呼び方をしています。追儺の方がずっと古く、平安時代に、悪鬼を払い疫病を除くために行われていた宮中行事のことで、節分の元祖とされています。
そのため、五條天神社では、古式ゆ

かしい本格的な節分を体験することができます。節分になると、社殿前の広い空間で、大掛かりなたき火が行われ、そこになんと、なまはげのような恐ろしい鬼が現れるのです。

〈江戸づくし〉の豆まき

寛永寺の敷地は、上野公園だけではありませんでした。なにしろ比叡山を模したお寺だったので、たいへん広大だったのです。東京都美術館も、その先にある東京芸術大学も寛永寺の寺領でした。

その大学の正門を過ぎ、突き当たりの道を左折して、ちょっと進んでみてください。すると〈護国院《ごこくいん》〉というお寺が現れます。ここが第3の豆まきスポットです。実は東京芸術大学の一部も、護国院の境内だったのです。

残念ながら近年、ここでの豆まきは行われなくなり、寛永寺での豆まきは、先ほど紹介した〈両大師〉だけになりましたが、むしろ上野の山を駆け足で回る必要がなくなり、五條天神と両大師でゆっくり過ごせるようになりました。

でも、お寺自体が見どころなので、ぜひ立ち寄りましょう。

護国院は、寛永寺の〈子院〉の1つです。子院とは、寛永寺を〈親〉とすれば、親を支えていた〈子ども〉にあたるお寺のことです。江戸時代には36の子院がありましたが、現在では19に減り、規模も小さくなりました。

そして、第2次世界大戦で大半の子院が焼失しましたが、護国院は焼け残りました。そのため境内には、享保年間（1716－1736）に再建された立派な本堂が残っていて、足を踏み入れるだけで江戸を感じることができます。もとは寛永7年（1630）にお釈迦さまを安置するために建立された建物なので、釈迦堂とも呼ばれています。また、東京で最古の七福神〈谷中七福神〉の大黒天が祀られているので、大黒天という名称でも親しまれています。

下山コースの路地歩きへ

護国院は、東叡山という〈山〉の一番端にあり、その山を下りると〈根津〉という町になります。下山コースには、〈言問通り〉という大通りを行くのが分かりやすいのですが、谷中・根津・千駄木、通称〈谷根千〉の魅力といえば、やはり路地歩き。そこで、細い路地裏をご案内します。

護国院近くの〈谷中清水町公園〉の中に階段があるので下りましょう。道なりに進むと、どんどん昭和レトロな

雰囲気になってきます。路地の途中に共同井戸も出てきます。
坂を下りきって少し大きな道に出ると、目の前にとつぜん木造3階建ての建物が現れます。ここが目的地の〈はん亭〉という串揚げ屋さんです。串揚げ屋さんとしての歴史は50年ほどですが、建物は大正初期のもので、国の有形文化財に登録されています。
今では根津という町名になっていますが、それは昭和40年（1965）から の新しい呼び方で、ちょっと昔の人たちは、はん亭の辺りを宮永町と言っていました。

竹矢来《たけやらい》の脇にある引き戸が入口です。黒光りするウッディでシックな空間は、土足で上がるのがためらわれますが、靴のままでＯＫ。また、椅子席なので正座が苦手な方も安心です。昔ながらの木の階段の途中には土蔵の扉があって、その奥に隠れ家的な個室もあります。

串揚げといえば大阪が有名ですね。一杯やりながらちょいとつまむ串揚げも美味しいですが、はん亭はそんな庶民的な大阪スタイルとはちょっと違うタイプ。一口サイズで、食材も良質な上に、種類も豊富。途中に甘味の串揚げも入るので、飽きることもありません。

２本ずつ揚げたての串揚げが運ばれてくるのですが、揚げるのに時間がかかるので、ワインやお酒を呑みながら、ゆっくりいただくのがよいでしょう。串揚げに付けるのは、ソースか塩か味噌。その自家製味噌も絶品で、付け合わせのキャベツや野菜スティックにもピッタリです。そして、白米かお茶漬けでシメ。これまた美味しくって、お腹も心も満たされます。
趣のある木造の建物で、ほっこり一口サイズの上品な串揚げをいただけば、〈豆まき散歩〉の疲れが癒やされること間違いなしです。

本文中で食べたメニュー
昼膳　¥3,630

（串揚げ8種　箸休め2品
野菜スティック　特製みそだれごはんと赤だし、お漬けもの又は岩海苔のお茶漬け
デザート）

【はん亭　根津本店】
東京都文京区根津 2-12-15
電話 03-3828-1440
[営業時間]
昼 11:30～15:00（L.O.14:15）
夜 17:00～22:00（L.O.21:00）
[定休日]
月曜

季節を問わずに

その1

山の手に眠る
時に思いを馳せて

ここからは、どんな季節にもおすすめの散歩コースをご紹介します。はじめのコースは、暑くても寒くても大丈夫。そのわけは、台地のてっぺんからスタートし、あとは降りるだけだからです。〈高低差好き〉にはたまらないコースでもあります。また、歴史散歩の時代の幅も広く、江戸時代から近代、昭和まで、いろいろな時代に思いを馳せることができます。〈時間の迷路〉に迷い込んだ気持ちで散歩をお楽しみください。

小笠原伯爵邸（新宿区河田町　平成14年開業）

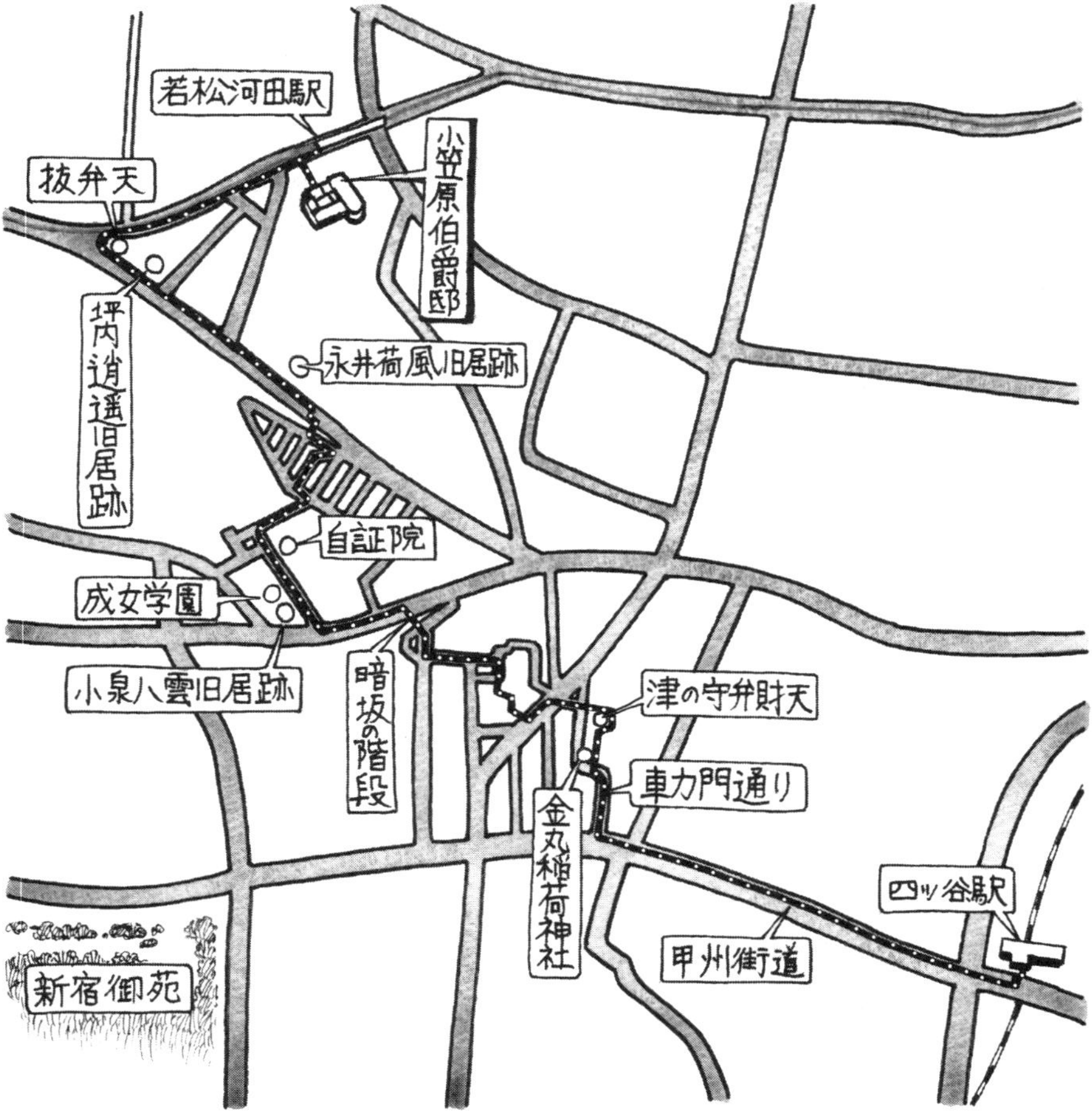
若松河田駅
抜弁天
小笠原伯爵邸
坪内逍遥旧居跡
永井荷風旧居跡
自証院
成女学園
小泉八雲旧居跡
暗坂の階段
津の守弁財天
車力門通り
金丸稲荷神社
四ツ谷駅
甲州街道
新宿御苑

牛込の歴史

散歩のスタート地点の〈牛込〉は、上野や浅草のような観光地でもなく、銀座のような商業地でもなく、言ってみれば住宅街なので、行ったことがない人も少なくないのではないでしょうか。そこで、はじめに少し歴史を振り返ってみたいと思います。

〈牛込〉は、江戸城外濠の外側、つまり江戸の町の外、城外に位置しています。とは言っても江戸時代には、江戸城正門の大手町とは正反対の西側、いわば〈搦め手〉を守るとても大切な場所でした。そのため、〈御先手組〉や〈百人組〉など警備を担当していた幕府直属の武士が集住する屋敷群が多くありました。また、信頼のおける徳川将軍家と親しい大名の屋敷も点在していました。

それが明治維新で一変します。日本から武士がいなくなり、陸軍の軍用地を中心に、華族の屋敷や庶民の住まいに変わっていきました。たとえば、この地域で最も大きかった尾張徳川家上屋敷は、明治に陸軍士官学校になり、現在は防衛省の庁舎になっています。

〈華族〉とは、明治時代から昭和22年（1947）まであった貴族階級のことです。〈公卿華族〉、〈武家華族〉、〈勲功華族〉など何種類かありましたが、牛込は明治から昭和まで、どの華族もまんべんなく多く住む地域になりました。ちょうど高台だったので、「山の手の高級住宅街」になったわけです。

宝石箱のような伯爵邸

では、あらためてスタート地点の〈若松河田駅〉に行きましょう。地下鉄の都営大江戸線が通っています。

駅を〈河田口〉から出たら、左手を振り返ってみてください。振り返ったすぐ目の前が今回のランチ場所、〈小笠原伯爵邸〉です。「小笠原」と聞いてピンとくる方もいらっしゃると思いますが、中世から続く兵法や礼法の宗家として知られる小笠原家の屋敷です。江戸後期の切絵図「牛込市谷大久保絵図」にも、〈小倉藩藩主・小笠原左京大夫の下屋敷〉として大きく描かれています。

このように聞くと、こんどはいかめしい武家屋敷を想像する人もいるかもしれませんが、そこに建っているのは、とてもかわいらしい宝石箱のような洋館です。もうお分かりだと思いますが、この小笠原家は明治以後、華族の伯爵となって、この地で新生活を始めたのです。

洋館を建てたのは、小笠原忠忱《ただのぶ》伯爵の家督を継いだ長幹《ながよし》(1885-1935)です。洋館の敷地は、相続当時は2万坪余りありましたが、今は1千坪ほどになっています。それでも相当広いですが、かつての武家や華族の屋敷が、いかに広かったかが想像できるのではないでしょうか。

小笠原邸は、昭和2年(1927)に建てられました。同じ頃に建ち、現存している皇族の洋館には、昭和8年に竣工し、現在は東京都庭園美術館になっている港区の旧朝香宮邸などがあります。朝香宮邸はアール・デコ建築ですが、小笠原邸はスパニッシュ様式の建物です。

クリーム色の外壁、スペイン瓦と煉瓦、煙突、中庭のパティオ、庭に面した広々とした明るいベランダ（現在はレストランのテラス席として使われています）、独特のイスラム様式の円筒形をしたシガールーム。そして、これらの空間が、曲線の唐草模様を中心に小鳥や犬、草花などが散りばめられたステンドグラスやアイアンワーク（鉄製の門扉や窓枠などの装飾）で、さりげなく飾られています。どの部屋、どの庭にも、小さな発見や大きな発見があって、ワクワクしてしまいます。

設計したのは〈曾禰中條建築事務所〉。明治41年（1908）に曾禰達蔵と中條精一郎によって開設された、戦前の最大最良の民間設計事務所といわれていたところです。日本初のステンドグラス作家の一人、小川三知のステンドグラスも残っています。

このような、かわいい美しさが細部にまで宿る建物が造られたのは、政治家でありながら、彫刻家の朝倉文夫に師事していた長幹自身の美術への造詣の深さにもよるようです。長幹が手がけた装飾もあるので、どうぞ探してみてください。

カフェ・バルで気分満点のランチを

小笠原邸の魅力のすべては、とても紹介しきれないので、ご自身の目で確かめていただくとして、そろそろランチにしましょう。

ランチタイムでは〈レストラン「小笠原伯爵邸」〉と〈バル&カフェ「OGA BAR」〉の2箇所で食事ができます。今回はバルでいただきますが、しっかり食事をしたい方は、レストランでスペイン料理のランチコース（予約制）がいただけます。

バル専用の通用口から入ると、今まで日本にいたのに急にスペインの小さな古いバルを訪れた気持ちになります。木の床が軋む音やアーチ型の窓から差し込むやさしい光が、その気分をいっそう盛り上げます。

バルなので食事のメニューは軽食になりますが、味は本格的です。今回いただいたのは、〈パン・コン・トマテ〉という、フレッシュトマトソースをのせたバゲットとスペイン産生ハムのセット。もちろんバルでいただけるワインは、スペイン料理のメニューとの相性もバッチリです。

デザートも豊富で、ケーキ類にも心惹かれましたが、ヨーロッパのお菓子が何種類もいただける〈ミニャルディーズ〉（一口サイズのお菓子）のセットを注文しました。〈マカロン〉〈ギモーブ〉〈マルコナチョコレート〉〈ポルボロン〉でセットになっています。
バルの食事は、見事な〈モッコウバラ〉のある中庭のパティオでもとることができ、そのまま〈屋上庭園〉に上がって見学することもできます。ただ、その他の部屋はレストランとして使われているため、見学が可能な時間が限られているのでご注意ください。

抜弁天から文豪の通りへ

お腹を満たしたところで、いよいよ散歩に出かけましょう。

ここからは、山の手を歩きますが、江戸から近代までさまざまな時代が交互に出てきますので、〈時間旅行の迷子〉にならないように気をつけてください。

〈小笠原伯爵邸〉を出ると、すぐ左に新しく拡張された下り坂があり、そこからフジテレビ跡の高層マンションが臨めますが、この坂は下りません。坂を横目に尾根づたいに直進します。少し行くと、まっすぐ行く道と、下り坂の待つ左へ300度ほど大きく曲がった道の分岐点に着きます。その内輪の部分に、今日の最初の目的地〈抜弁天〉があります。江戸時代には〈江戸六弁天〉（本所、洲崎、滝野川、冬木、上野、東大久保）の1つとして庶民に人気がありました。
時代ごとに変化を余儀なくされ、明治時代には神仏分離令によって別当寺だった〈二尊院〉が廃寺になりました。第2次世界大戦では戦災を受け、水鉢を除いて灰燼に帰しました。さかのぼって5代将軍徳川綱吉の「生類憐れみの令」の時には、このあたりに2万5千坪の犬小屋が設けられ、この寺社もとりこまれたようです。

時間旅行に船酔い気味かもしれませんが、次は近代の文豪に会いにいきましょう。〈抜弁天〉で大きく曲がった通りを少し下ると〈坪内逍遥の旧居跡〉、その300メートルほど先に〈永井荷風の旧居跡〉があります。逍遥は明治22年から大正9年（1889－1920）まで、荷風は明治41年から大正7年（1908－

1918）まで住んで、それぞれ早稲田大学と慶應義塾大学に通い、かたや演劇、かたや文学の教鞭をとっていました。どちらも、住まいの跡を偲ばせるものは残っていませんが、案内板が立っているので目印にしてください。

近代に現れた花街の異空間

最後は、山の手の起伏と時代の〈アップダウン〉を満喫しましょう。〈荷風の旧居跡〉の案内板から、さらに通りを下ります。次の横断歩道で通りを渡ってください。横断歩道を渡った先のサンドイッチ屋さん〈メルシー〉が目印になります。

〈メルシー〉の脇から住宅地に入ってください。右手に〈大星湯〉を見ながらT字路を左折し、次の角を右に曲がります。通りを進んでいくと突き当りにトタン小屋の〈防災資材置場〉が見えてきます。そこを左折して、その先のスクールゾーンの角を右折して道なりに進みましょう。〈町会掲示板〉が立っている角を左に

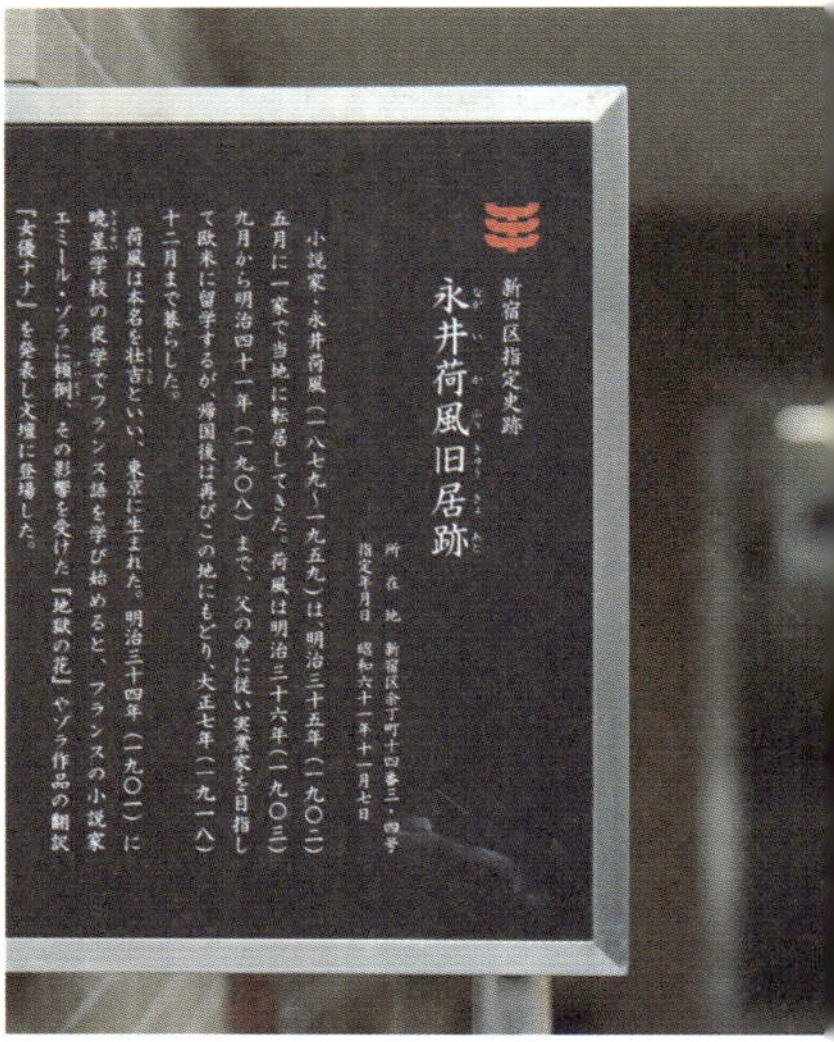

曲がって坂を下ると〈自証院〉の前に出ます。江戸時代の境内地とは比べものにならないほど狭くなっていますが、新宿区内最古の〈阿弥陀三尊の種字板碑〉は残っています。
〈自証院〉の坂を下り切ると、明治39年（1906）に麹町の二番町から移転した〈成女学園〉に出ます。学校の前の通りは〈靖国通り〉です。ここまでが〈自証院〉の境内でしたが、明治時代に大半が没収されました。なお、ここが学校になる以前、明治29年から35年（1896－1902）までは、『怪談』を書いたことで知られるラフカディ

オ・ハーン（小泉八雲）が住んでいました。以前は、風情のある蔦の絡まった校舎の正門の脇に〈小泉八雲旧居跡〉の石碑を見ることができましたが、今は校舎全体の建て替え（２０２６年完成予定）が行われています。

続いて起伏を登ります。登りはここだけですからご安心ください。〈靖国通り〉を、杉の木が３本並んでいる小さな公園の横の横断歩道から渡ると、〈暗坂《くらやみざか》〉と呼ばれる階段があるので登りましょう。

その先の〈週刊つりニュース社〉の

手前で左折し、路地を通りに出るまで下っていきます。通りに出ると、その向こうが荒木町です。〈甲州街道〉まで続く3筋の飲屋街がありますが、このうちの〈車力門通り〉を目指してください。

〈車力門通り〉の北の端に、飲食店が軒を連ねている〈サンライズビル〉があります。ビルの脇に、両側が自転車置き場になっている細い路地と、その先に狭い階段があります。この階段を下りると、現代とは思われない異空間に出ます。

木々に囲まれたちょっとした広さのある池、なかの岩場に建つ弁財天の祠、そこに行くための細くて短い石の太鼓橋。ここは〈津の守《かみ》弁財天〉です。もと高須藩主・松平摂津守の上屋敷跡の一部で、高さ4メートルもの滝の流れる庭園が明治時代に一般開放されると、景勝地として有名になりました。

人々が集まるにつれ〈花街〉が形成されていきます。〈粋筋〉だったことをうかがわせる、細くて曲がった急勾配の石畳の坂道が弁財天の周囲に張りめぐらされています。近所の〈金丸稲荷神社〉にも小さいながら立派な彫刻の施された祠が建っていますが、それを囲む〈玉垣〉にも〈料亭〉や〈家元〉など花街関係の名称が寄進者として刻まれています。
〈車力門通り〉にもどって少し進めば、すぐに広々とした〈甲州街道〉に出ます。
左に行けば〈四ツ谷駅〉です。無事に現代に戻ることができました。

本文中で食べたメニュー
パン・コン・トマテ
（ワインセット）　￥2,200
ミニャルディーズ
（ドリンクセット）　￥1,320

【バル＆カフェ「OGA BAR by 小笠原伯爵邸」】
東京都新宿区河田町10-10
電話 03-3359-5830
［営業時間］
12:00～20:00（L.O.19:30）
［定休日］
年中無休　※年末年始を除く
◎バル＆カフェとレストランでは営業時間と入口が異なります。
詳しくはお店のホームページをご覧ください。

季節を問わずに
その2

変わり続ける町にある変わらないもの

皆さんは〈虎ノ門〉と聞いてどんなイメージが浮かびますか。今まで目立っていたのは、官庁や企業ビル、ホテル、病院、大使館などでしょうか。そのため、用がないから行ったことがないという人も多かったかもしれませんね。でも、これからは、用がなくても足を運ぶ人が増えるかもしれません。現在進行形で大規模開発が進んでいて、町全体が大きく変わりつつあるからです。時代によって変わるものや変わらないものが混在しているのが、町というものなのかもしれません。

虎ノ門大坂屋砂場（港区虎ノ門　明治5年創業）

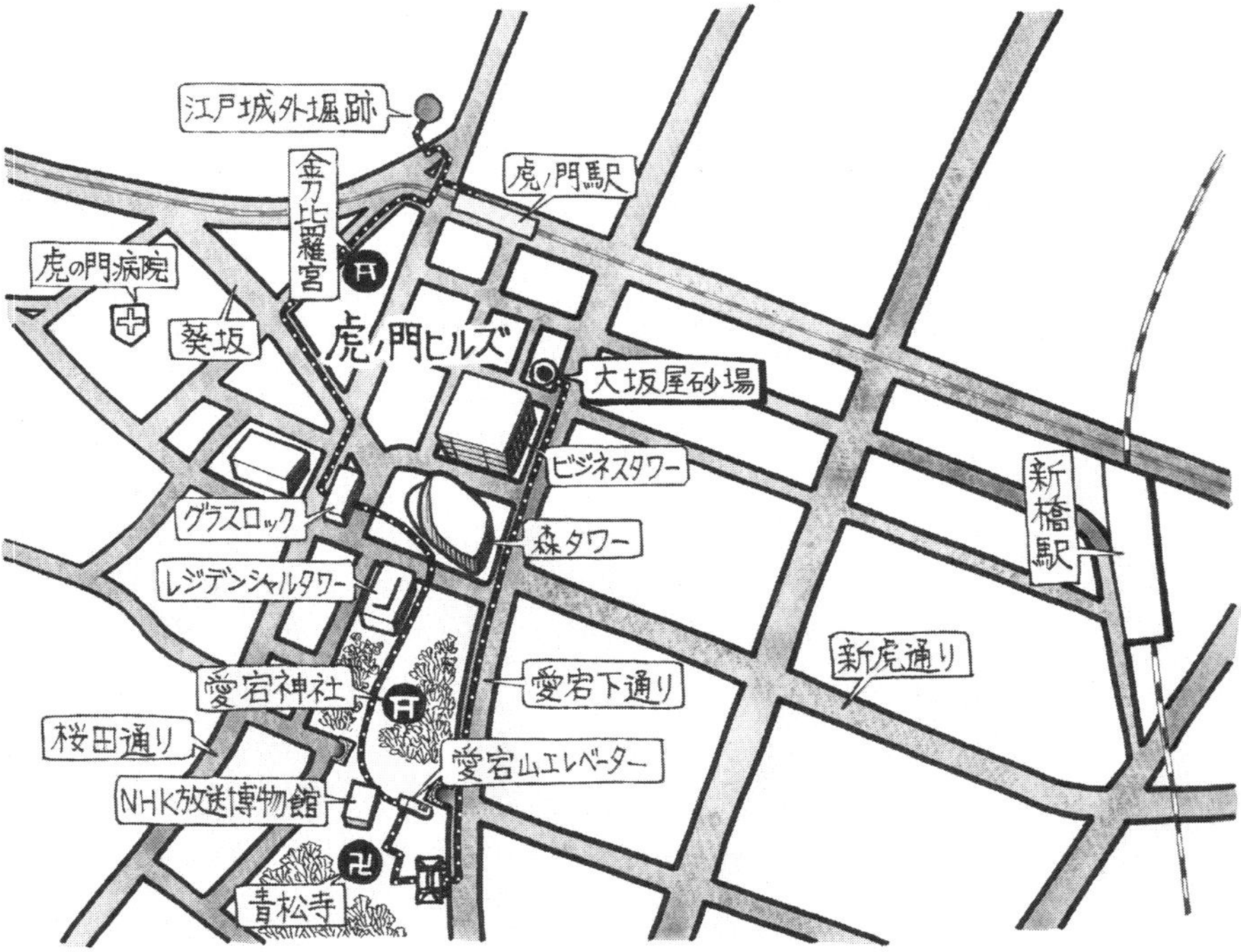
江戸城外堀跡
金刀比羅宮
虎ノ門駅
虎の門病院
葵坂
虎ノ門ヒルズ
大坂屋砂場
ビジネスタワー
グラスロック
森タワー
レジデンシャルタワー
新橋駅
新虎通り
愛宕神社
愛宕下通り
桜田通り
愛宕山エレベーター
NHK放送博物館
青松寺

〈大名小路〉と呼ばれた虎ノ門

〈虎ノ門〉が正式な町名になったのは昭和24年（1949）ですが、町の歴史は古く、江戸時代初期にさかのぼります。そもそも〈虎ノ門〉とは、〈虎ノ御門〉と呼ばれていた〈見附〉のことで、〈見附〉とは、江戸城の外濠と内濠に架かっていた、〈石垣の城門のある橋〉のことです。はやい話が橋の名前です。

町のエリアは、〈虎ノ御門〉を北限として、東は〈幸橋御門〉まで、西は〈愛宕山〉あたり、南は〈増上寺〉の手前までです。町名としての〈虎ノ門〉を厳密に見ればもう少し広いですが、だいたい網羅しています。とにかく今回はこのあたりを散歩しましょう。

〈虎ノ御門〉を東京湾の方に少し行くと〈幸橋御門〉、現在の町名でいうと〈新橋〉になります。日本初の鉄道開業の地で、明治5年（1872）に新橋停車場から横浜までの鉄道が開通しました。

〈虎ノ御門〉から新橋とは反対方向にあったのは、〈溜池〉という外濠を兼ねた大きな池です。今は埋め立てられて道路になっていますが、〈溜池山王駅〉という駅名が残っています。この池の手前を南に進み、右に見えてくるのが〈愛宕山〉です。かつての〈増上寺〉の敷地は広大で、この山を過ぎたところから始まっていましたが、愛宕山寄りの敷地は現在、東京プリンスホテルになっていて、その敷地内に裏門（御成門）だけが残っています。

さて、〈虎ノ御門〉は外濠に架かっていた橋ですが、江戸城からも目と鼻の先でした。町の真ん中あたりを通る〈桜田通り〉（国道1号線）をお城方面に少し向かえば、内濠の〈桜田御門〉に行き当たります。ここをくぐればもう江戸城です。この外濠と内濠の間が、霞が関の官庁街です。

江戸城に近かったこともあり、このあたりは江戸時代、「大名小路」と呼ばれる大名屋敷が建ち並ぶ町でした。これらの土地が明治以後、省庁や病院などに変わりました。たとえば、〈虎ノ御門〉は文部科学省、伊予松山藩があったあたりは東京慈恵会医科大学になっています。

いざ、江戸っ子の観光地へ

では、虎ノ門は、武士ばかりで庶民とは縁遠い町だったのかというと、そうでもありませんでした。この町は外濠の外側、いわゆる城外に位置していたので、庶民の往来も容易でした。でも、お屋敷町にどんなお目当てがあったのでしょう。

答えは〈観光〉です。江戸時代の観光といえば、神社仏閣への参詣が中心でした。それを当てこんで、境内や門前には屋台や料理屋ができました。虎ノ門の観光の目玉は、〈金毘羅《こんぴら》さま〉と〈滝〉と〈愛宕山〉だったようです。

さて、前置きが長くなりましたが、そろそろ散歩に出かけましょう。スタート地点は〈虎ノ御門〉があった〈虎ノ門駅〉です。地下鉄の東京メトロ銀座線が通っています。〈11番出口〉から地上に上がる途中のところに、外濠の石垣の遺構が展示され、説明書きも豊富なので、ここで知識をたくわえてから地上に出ましょう。

上がればそこは〈文部科学省〉です。その外庭にある〈江戸城外堀跡〉にも遺構が展示されているので、ここでさらに知識を深めましょう。
文部科学省を出たら、交差点を渡り、〈虎の門病院〉方面の道を南へ進みます。するとすぐに第1の観光スポット〈金刀比羅《ことひら》神社（宮）〉に着きます。ここは讃岐丸亀藩の大名屋敷があったところで、讃岐（香川県）から屋敷地に勧請した〈金毘羅さま〉が、毎月10日の縁日のときに庶民に開放されたので、多くの人々が集まるようになりました。

もとの道に戻って、これまた少し南に行くと、その先が〈虎の門病院〉です。ここで、その手前の〈虎ノ門二丁目西交差点〉で交差する新しい広い通りにご注目ください。通りの右手方向が、〈葵坂〉と呼ばれた外濠沿いの坂道でした。第2の観光スポットの〈滝〉は、その坂の上にありました。坂の向こうの〈溜池〉から虎ノ門側の外濠に、水が勢いよく流れ落ちていたのです。〈滝〉と〈金毘羅さま〉の2つを入れ込んだ浮世絵も描かれるなど、当時の人気ぶりがうかがえますが、今は埋め立てられて跡形もありません。

愛宕山をエスカレーターで登る

現在は坂でさえない〈葵坂〉へは行かずに、その新しい通りを反対方向へ進みましょう。次の〈虎ノ門二丁目交差点〉で交差するのが〈桜田通り〉です。〈桜田通り〉を南に進めば、すぐに第3の観光スポット〈愛宕山〉の裏手に着きます。

愛宕山は東京23区内の最高峰の山です。標高は約26メートルしかありませんが、〈男坂〉と呼ばれる階段は、あまりにも急勾配なので足がすくんでしまいます。

江戸初期に曲《ま》垣《がき》平《へい》九《く》郎《ろう》という武士が、この〈男坂〉を見事に馬で上り下りして、3代将軍徳川家光に褒賞されたという講談「寛永三馬術」で有名になりました。以来〈出世の階段〉という縁起のよい階段とされていますが、やはり登るのは馬でなくとも大変です。別のルートを行きましょう。

私たちは今、〈虎ノ門二丁目交差点〉にいます。ここは〈虎ノ門ヒルズ〉と呼ばれる再開発地帯の中心地なので、真新しい広い道路と近代的な超高層ビルが取り

囲み、23区最高峰の愛宕山さえ見えません。でも、この開発のおかげで、私たちは苦労せずに山登りができるようになりました。
〈虎ノ門二丁目交差点〉から、〈桜田通り〉に面した〈虎ノ門ヒルズ〉の複合施設〈グラスロック〉に入って、エスカレーターで2階に登ります。すると、虎ノ門ヒルズ内を連絡している屋外通路があるので、〈森タワー〉の方向へ進みます。芝生にオブジェが建つ〈オーバル広場〉を横目に、〈森タワー〉には入らずに、右に曲がりましょう。屋外通路は〈レジデンシャルタワー〉

とつながっています。そのデッキを直進すると、なんと〈愛宕山〉の中腹に着くのです。
そこから近道の胸つき三寸の短い坂を登れば山頂に到着です。山中は、今までのビジネスマンが行き交う高層ビル群がうそのように静かで野趣あふれています。山頂の〈愛宕神社〉のあたりは空気も澄んでいます。江戸時代には山頂からの眺めを楽しみながら茶店で一服する人々で賑わっていたようで、多くの浮世絵にも描かれています。
さて、山を尾根づたいに進むと、ラ

ジオ本放送始まりの地に着きます。今は〈ＮＨＫ放送博物館〉になっていて、そのレトロさに癒されます。

山頂から下りるには、やはり足を使わず、博物館手前の〈愛宕山エレベーター〉を使いましょう。下まではあっという間ですが、ガラスチューブのエレベーターからの眺めが楽しめます。いったん地上へ出ても、エレベーター脇にある階段を登ると、山の中腹を歩くことができるウッドデッキがあるので、自然を散策しながら〈青松寺〉に向かいましょう。

ここは太田道灌が創建した曹洞宗の大寺院です。ここから少し南へ行けば、〈増上寺〉の裏門があった場所に着きますが、虎ノ門の範囲外なので今回は行きません。

下山の後は、お待ちかねの老舗へ

〈青松寺〉の立派な山門を出ると、私たちはやっと下山できたことになります。

ここからは〈愛宕下通り〉と呼ばれる愛宕山下の道を歩いて、虎ノ門方面に戻りましょう。虎ノ門ヒルズの〈森タワー〉を今度は東側から通り過ぎます。

ところで、愛宕山へ登る前に私たちが歩いた幅の広い新しい道路は、〈環状2号線〉といいます。環状2号線は、森タワーの下を〈築地虎ノ門トンネル〉というアンダーパスでくぐっていて、新橋付近からふたたび地上に出て豊洲につながっています。この区間は立体車線になっていて、地上部分にも新しい通りができています。2021年に開催された東京オリンピック（TOKYO2020）の頃に、魚市場とオリンピック選手村がある豊洲と、都心とをつなぐ道として急ピッチで造られましたが、完全な完成はもう少し先のようです。

この区間の道は、そもそもオリンピックも含めて、何やら海外を意識して造られたようで、地上部分の通りの最初の俗称候補は〈マッカーサー道路〉、次は〈シャンゼリゼ通り〉でした。その後〈新虎通り〉に落ち着きましたが、今でもパリの凱旋門前の通りのような賑わいのある道路を目指しているようです。虎ノ門ヒルズとシャンゼリゼ風の道路が完全に完成したら、現代の新たな人気観光スポットになるかもしれません。

虎ノ門ヒルズの〈ビジネスタワー〉を通り過ぎると、お待ちかねの最終目的地〈虎ノ門大坂屋砂場〉に到着します。
まず建物に驚かされるでしょう。真新しい超高層ビル群のなかに、関東大震災直後の大正12年（1923）に建てられた木造2階建ての昔ながらのお蕎麦屋さんがあるのです。洒落たビル群のなかに急に現れるので、とても目をひきます。
建物は平成23年（2011）に国の登録有形文化財に指定され、令和3年（2021）の愛宕下通り拡幅工事のときに曳屋工事を行い、翌年に無事に完

了しました。
「蕎麦屋として建てられ、ずっと同じ用途で使われた建物として、今では大変珍しいそうです」とご主人。そこで、建物で最も大切にしている部分はありますかと尋ねると、「どこ、というのではなく、丸ごと大事です」と話してくれました。
開業は明治5年（1872）。麹町にあった砂場の養女だった初代が、暖簾分けして虎ノ門に店を出したのが始まりです。
再開発の激しい虎ノ門エリアで、曳屋工事をしてまで守った建物と暖簾。

お店全体に老舗の心がこもっているのを感じました。

さあ、いただきましょう。伝統的な〈おかめ〉〈花巻〉〈もり蕎麦〉はもとより、季節のお蕎麦やお料理、お酒も豊富です。「老舗の看板に縛られず、美味しいと思ったものをお出しする」という5代目の考えを、現在の6代目が受け継ぎ、かつバージョンアップさせています。

たとえば、ふわっふわに泡立てた納豆がのっている〈納豆そば〉や、プリプリの大きな蛤がのっている季節のお蕎麦〈蛤そば〉などがあります。「いろんな種類の海老があった方がより楽しんでいただけるのでは」と〈甘海老ときのこの天種〉や、ほんのり甘い〈卵焼き〉、良質なお肉を使った〈焼き鳥〉も絶品です。お酒もすすんでしまいます。また、大坂屋さんでは昔から、ざる蕎麦と言わず〈海苔掛けそば〉と呼んでいるそうです。

ご主人は最後に「普通に商売したいだけなのに、都心にあるがゆえに、常に都市開発計画で存続の危機にさらされるのが辛いところです」と仰っていました。

お蕎麦屋さんに限らず、近年、庶民がごく普通のあたりまえの生活をすることが、最も難しくなっている気がします。

本文中で食べたメニュー
甘海老ときのこの天種　￥1,450
もり蕎麦　￥950
燗酒　￥900

【虎ノ門大坂屋砂場】
東京都港区虎ノ門1-10-6
電話03-3501-9661

［営業時間］
〈月・火〉
昼 11:00〜14:00
夜 16:30〜19:30
〈水・木・金〉
昼 11:00〜14:00
夜 16:30〜20:00
※昼夜ともに売り切れ仕舞い
［定休日］
土曜・日曜・祝日

おわりに

本書は、2017年に出版した旧版を増補改訂したものです。

この8年の間に、東京の町も老舗も驚くほど変わりました。1つにはコロナ禍で外食ができない時期があったからです。これによって老舗も含めた飲食店が打撃を受けました。お店の中には、木造建築からビルに建て替えたり移転したり、閉店したりしたところもありました。

もう1つは、東京オリンピック（TOKYO2020）をきっかけにして東京大改造計画がもちあがり、現在進行形で行われているからです。古い町並みごとビル群に飲み込まれたかのようなエリアも少なくありません。

でも、歴史ある町の地層はそう簡単にはなくなりません。どこかしらに〝変わらない何か〟が顔をのぞかせています。激動の時代だからこそ、変わるものと変わらないものを見つける楽しさが味わえるのかもしれません。

どうぞ本書を片手に思い思いの老舗散歩をお楽しみください。

最後に、最初から最後まで本づくりに向き合ってくださった東海教育研究所の編集部・寺田幹太さん、非常に味わい深い老舗の挿絵と地図を描いてくださった鈴木透さん、老舗や寺社など取材を受け入れてくださったみなさまに、心より感謝申し上げます。

安原眞琴

安原眞琴（やすはら・まこと）
１９６７年東京都生まれ。江戸文化研究家・映像作家。文学博士。国際基督教大学客員教授。吉原文化の最後の継承者を5年間取材したドキュメンタリー映画「最後の吉原芸者　四代目みな子姐さん―吉原最後の証言記録―」を２０１３年に発表。著書に『「扇の草子」の研究――遊びの芸文』（ぺりかん社）、『超初心者のための落語入門』（主婦と生活社）、『東京の老舗を食べる』（亜紀書房）などがある。
公式サイト「ｍａｋｏｔｏ ｏｆｆｉｃｅ 日本文化研究所」
ｈｔｔｐｓ：//ｍａｋｏｔｏｏｆｆｉｃｅ.ｎｅｔ/

挿絵・本文地図：鈴木 透
1965年福島県生まれ。「釣りキチ三平」などを制作する矢口プロダクションを経てフリー。

写真提供：浅草観光連盟 365ASAKUSA（P165）　ほかは著者提供

この本は、2017年に刊行した『東京おいしい老舗散歩』に再取材を加え、さらに、WEBマガジン『かもめの本棚』に連載した「東京2025 おいしい老舗散歩」に加筆をしてまとめたものです。※本文中の値段表記は、2025年３月現在のものです。

増補版 東京おいしい老舗散歩

2025年4月18日　第1刷発行

著　者　安原眞琴
挿　絵　鈴木 透
発行者　原田邦彦
発行所　東海教育研究所
〒160-0022　東京都新宿区新宿 1-9-5
新宿御苑さくらビル 4F
電話 03-6380-0494　ファクス 03-6380-0499
eigyo@tokaiedu.co.jp
印刷・製本　モリモト印刷株式会社
装丁・本文デザイン　稲葉奏子
編集協力　梅村このみ

ISBN978-4-924523-52-4　C0026